Sabine Wiesel

Richtig kochen bei Divertikulitis

Über 200 leckere Rezepte für jeden Anlass

3. überarbeitete Auflage 2022

ersa Verlag

Richtig kochen bei Divertikulitis

Über 200 leckere Rezepte für jeden Anlass

Sabine Wiesel
Taschenbuchausgabe März 2022
3. überarbeitete Auflage 2022
ersa Verlag
www.ersa-verlag.de
ISBN 978-3-9814007-5-5

Umschlaggestaltung: ersa Verlag
Umschlagfoto © Getty Images
Printed in Germany

ersa Verlag UG (haftungsbeschränkt)
Gagzow, Dorfstr.15,
23974 Krusenhagen/Germany

Inhaltsverzeichnis

Vorwort

Die Ernährung spielt bekanntermaßen bei der Divertikulitis eine so entscheidende Rolle, dass allein schon durch eine Ernährungsanpassung so manche Darmoperation überflüssig gemacht werden kann.

Die Frage ist allerdings immer: Was kann oder soll man bei der Divertikulitis essen? Was hilft, um einen erneuten Schub zu vermeiden? Was ist schädlich und kann zu erneuten Entzündungen führen? Wie soll das Leben nach der Diagnose weitergehen, wenn man nicht genau weiß, was man überhaupt essen darf? Welchen Einfluss hat die »neue« Ernährung auf das Familienleben, wenn man diese mit der der Familie unter einen Hut bekommen möchte?

Schmecken die ganzen Lebensmittel überhaupt, die man jetzt hauptsächlich essen soll? Wie kann man die Ernährungsumstellung mit seinem Beruf vereinbaren? Wie verhält man sich unterwegs? Und was ist im Urlaub? Allein schon diese vielen Fragen zeigen die großen Herausforderungen, denen man sich nun stellen muss. Und besonders für diejenigen unter Ihnen, die sich bisweilen noch nie näher mit ernährungstherapeutischen Anwendungen beschäftigt haben, kann die Aufforderung des Arztes, man solle die Ernährung umstellen, ein großes Problem darstellen. Besonders am Anfang sind die Unsicherheiten recht groß.

Diese werden schließlich noch dadurch verstärkt, indem während der unterschiedlichen Phasen der Erkrankung verschiedene Nahrungsmittel erforderlich sind. Denn während einer akuten Phase ist eine ganz andere Ernährung angezeigt, als während einer chronischen Phase. So helfen einerseits zwar bestimmte Nahrungsmittel, die Entstehung von neuen Entzündungen zu vermeiden; aber es sind genau diese Lebensmittel, die bei einem akuten Schub geradezu gefährlich werden können. Während beispielsweise Vollkornprodukte als hervorragende Nahrungsmittel gelten, um einen erneuten Schub zu vermeiden, müssen genau diese Lebensmittel während der akuten

Phasen unbedingt gemieden werden. Und erst wenn die akute Phase überstanden ist, können ganz langsam die ballaststoffreichen Lebensmittel wieder in den Ernährungsplan aufgenommen werden.

Sie ahnen es nun schon - will man trotz seiner Divertikulitis gesünder werden, dann bleibt einem gar nichts anderes übrig, als sich mit dem Thema »Ernährung« zu beschäftigen. Das ist oft einfacher gesagt als getan. Besonders wenn man berufstätig ist, sich bisweilen von Kantinenessen ernährt und nur wenig Zeit zum Einkaufen hat; kann es eine große Herausforderung sein, eine der Divertikulitis angepasste Lebensweise durchzuführen, müssen doch alte Gewohnheiten oftmals über Bord geworfen werden. So manches Lieblingsessen verschwindet von der Speisekarte und neue Lebensmittel, um die man bisher erfolgreich einen großen Bogen gemacht hatte, stehen nun regelmäßig auf dem Tisch.

Doch machen Sie sich nicht verrückt, das Leben mit Divertikulitis bedeutet nicht, dass man grundsätzlich auf leckere Speisen verzichten muss. Die leckeren Speisen sind jetzt nur andere. Anstatt Zucker verwenden Sie beispielsweise Honig oder Birkenzucker. Und anstatt viel Fleisch bevorzugen Sie zukünftig mehr vegetarische Gerichte. Sie werden sehen, wie Sie sich im Laufe der Zeit daran gewöhnen werden.

Und wenn Sie sich bewusst machen, dass Sie durch die Umstellung Ihrer Ernährung eine deutlich bessere Lebensqualität erreichen können, dann fällt der Verzicht auf das eine oder andere lieb gewonnene Lebensmittel aus der alten Zeit wesentlich leichter. Irgendwann werden Sie feststellen, dass der Verzicht auf bestimmte Nahrungsmittel ein selbstverständlicher Teil Ihres Lebens geworden ist. Sie werden das Meiden bestimmter Dinge dann gar nicht mehr als Verzicht empfinden, sondern dies einfach als einen neuen Bestandteil Ihres Lebens betrachten.
Es wird eines Tages ganz normal für Sie sein, dass Sie nicht mehr wahllos in einer Bäckerei einkaufen, sondern sich nach den Inhaltsstoffen erkundigen. Auch ein Besuch im Reformhaus oder einem Bioladen kommt Ihnen irgendwann nicht mehr exotisch vor, sondern

er gehört ganz einfach zu Ihrem neuen Lebensstil. Aus vielen Rückmeldungen meiner Leser ist mir bekannt, dass viele händeringend nach Unterstützung in Ernährungsfragen suchen, sobald sie die Diagnose Divertikulitis erhalten haben. Und in vielen Gesprächen kam immer wieder die Frage auf: Gibt es Rezepte für eine divertikulitisgeeignete Ernährung?

Ja, die gibt es.

Stöbern Sie jetzt in diesem übersichtlich gehaltenen Buch nach neuen und altbekannten, aber auch vergessenen Gaumenfreuden. Ganz einfach und ohne große Zeitaufwendung – das ist der Anspruch, den dieses Buch hat. Bewusst wurde auf komplizierte Rezepte verzichtet, sodass Sie auch ohne große Vorkenntnisse oder teure Küchengeräte leckere Gerichte zubereiten können. Auch wenn Sie bisher kein großer Küchenzauberer waren – mit diesen Rezepten werden Sie bestimmt Freude am Kochen bekommen. Dieses abwechslungsreiche Kochbuch hält für jeden Anlass etwas bereit.

Egal, ob Sie einen leckeren Gemüseauflauf »zaubern« möchten, einen Snack für zwischendurch benötigen, oder ob es Ihnen einfach um mehr Abwechslung in Ihrer Küche geht. Das Angebot ist so vielseitig, dass Sie mit diesem Kochbuch einen wichtigen Begleiter für jede Phase Ihrer Divertikulitis gefunden haben.
Denn Sie erhalten hilfreiche Ernährungstipps für die akute Phase, Einführungsphase und chronische Phase. Dabei sind die Gerichte so vielseitig zusammengestellt, dass für jeden Geschmack etwas zu finden ist. So werden Sie ganz sicher auf zahlreiche Rezepte stoßen, die Ihnen und Ihren Geschmacksknospen zusagen werden. Bringen Sie also trotz Ihrer Divertikulitis leckere Gaumenfreuden auf Ihren Teller, und freuen Sie sich auf mehr Abwechslung in Ihrer Küche.

Ich wünsche Ihnen von Herzen gutes Gelingen und schon jetzt einen richtig guten Appetit!

Ernährung bei Divertikulitis

Bei Divertikulitis spielt die Ernährung eine entscheidende Rolle, denn mit ihrer Hilfe können großartige gesundheitliche Verbesserungen erreicht werden. Da die Krankheit in verschiedenen Phasen verläuft, gibt es allerdings keine einheitliche Ernährungsrichtlinie, die für alle Phasen gleichermaßen angezeigt ist. Während bestimmte Nahrungsmittel dabei helfen, die Entstehung der Divertikulitis zu vermeiden, sind es genau diese Lebensmittel, die bei einem akuten Schub geradezu gefährlich werden können und dann dringend gemieden werden müssen.

Letztendlich ist es auch immer wichtig, die persönlichen Verträglichkeiten zu kennen. Neben »klassischen« Lebensmittelallergien wie beispielsweise eine Allergie auf Erdnüsse, Kuhmilch oder Weizen; gibt es diverse Nahrungsmittelintoleranzen wie insbesondere eine Fructose-, Laktose-, Histamin- und Glutenintoleranz.

Der Verzehr von Lebensmitteln, auf die man mit Allergien oder Intoleranzen reagiert, ist immer eine Belastung für den Darm, was für den Krankheitsverlauf der Divertikulitis nicht förderlich ist. Sollten Sie das eine oder andere Lebensmittel nicht vertragen, verzichten Sie darauf. Lassen Sie in diesem Fall Ihrer Kreativität freien Lauf, und wandeln Sie ein Rezept entsprechend Ihrer persönlichen Verträglichkeiten um.

Wenn Sie Ihre Ernährung auf ballaststoffreiche Lebensmittel umstellen, verwenden Sie am besten ausschließlich biologisch angebautes Obst und Gemüse. Sicherlich ist Ihnen nicht zuletzt wegen diverser Medienberichte längst bekannt, dass konventionelle Supermarktwaren häufig stark mit Chemikalien und Pestiziden belastet sind, die zu einer Verschlimmerung der Divertikulitis beitragen können. Die oberste Prämisse bei Ihrer Ernährung während der schubfreien Phase sollte immer lauten, dass Sie ausreichend Ballaststoffe zu sich nehmen. Bauen Sie sich hierfür Brücken, und beseitigen Sie die

Stolperfallen, die Ihnen die Ernährungsumstellung unnötig erschweren würden. Verbannen Sie die Tüte Gummibärchen von Ihrem Schreibtisch und platzieren Sie stattdessen dort eine Obstschale. Tauschen Sie Vollkornbrot gegen Ihr heißgeliebtes Weißbrot ein. Essen Sie als Zwischenmahlzeit statt eines Schokoriegels lieber einen Apfel. Und ersetzen Sie Ihr morgendliches Frühstück, bestehend aus einer Tasse Kaffee und einer Zigarette, ab heute durch ein Müsli.

Sie meinen, das klingt alles wie ein Wunschkonzert und ließe sich gar nicht realisieren? Lassen Sie sich Zeit, um sich an Ihre neue Ernährung zu gewöhnen. Es geht nicht darum, dass Sie die Umstellung abrupt vollziehen. Vielmehr ist es ein Prozess, den Sie durchlaufen, an dessen Ende Sie Ihre täglichen ca. 40 g Ballaststoffe erreichen werden. Behalten Sie dabei immer Ihr Ziel im Auge: Die Vermeidung erneuter Schübe.

Tipps

- Um die Verträglichkeit von Lebensmitteln besser einschätzen zu können, führen Sie ein Tagebuch, in dem Sie auftretende Reaktionen bei bestimmten Nahrungsmitteln eintragen.

- Wenn Sie einen Verdacht auf Nahrungsmittelunverträglichkeiten haben, lassen Sie sich von einem erfahrenen Therapeuten untersuchen. Unverträglichkeiten sind keine Allergien im herkömmlichen Sinne, führen aber zu allergieähnlichen Symptomen. Häufig bleiben diese Intoleranzen unentdeckt, obwohl sie durch einfache Tests festgestellt werden können. Sprechen Sie Ihren Arzt oder Heilpraktiker darauf an, wenn Sie vermuten, dass dies ein Thema bei Ihnen sein könnte.

- Trinken Sie reichlich (2-3 Liter täglich), besonders, wenn Sie reine Kleie verwenden, damit die Ballaststoffe aufquellen können.

- Beginnen Sie in der chronischen Phase jeden Tag mit einem faserreichen Frühstück. Idealerweise besteht dies aus einem selbst zubereiteten Müsli.

- Wenn Sie zu Verstopfung neigen, massieren Sie regelmäßig Ihren Bauch. Auch ein Glas lauwarmes Wasser morgens auf nüchternen Magen kann kleine Wunder bewirken.

- Wenn Sie aufgrund von Verstopfungen über einen langen Zeitraum Abführmittel eingenommen haben, reduzieren Sie diese langsam. Hören Sie mit der Einnahme nicht abrupt auf, sondern schleichen Sie die Präparate nach und nach aus.

- Sorgen Sie für regelmäßige Bewegung. Dies hält die Verdauung auf Trab, sodass Ihr Stuhlgang gefördert wird. Der Spruch: ‚Einen Verdauungsspaziergang machen' kommt also nicht von ungefähr.

Das sollten Sie auch wissen

Die in diesem Buch zusammengestellten Rezepte wurden nach allerbestem Wissen ausgewählt. Die meisten ausgewählten Rezepte sind äußerst einfach und verständlich, sodass keine umfangreichen Vorkenntnisse erforderlich sind. Viele der ausgewählten Zutaten sind alltäglich und kostengünstig, sodass Sie keine Probleme damit haben sollten, diese beschaffen zu können.

Und noch ein Hinweis zum Zucker. Trotz seiner vielen bekannten Nachteile, wird er immer noch als das beliebteste Süßungsmittel verwendet. Da er sich jedoch sehr negativ auf die Divertikulitis auswirken kann, wurde bei den meisten Rezepten in diesem Buch auf die Verwendung von Zucker verzichtet oder die Menge nur sehr gering gehalten. Stattdessen ist in einigen Rezepten Honig, Reissirup oder Ahornsirup als Zuckerersatz enthalten. Trotz aller Vorsicht, die ich bei der Auswahl der Rezepte getroffen habe, bedeuten die angegebenen Empfehlungen keinen ‚Freifahrtschein' für eine tatsächliche Beschwerdefreiheit. Denn – das wissen Sie durch Ihre eigenen Erfahrungen mit der Divertikulose auch zugenüge – spielen oft noch weitere individuelle Unverträglichkeiten auf einzelne Nahrungsmittel eine wichtige Rolle.

Nehmen Sie auf jeden Fall professionelle Hilfe in Anspruch. Da Ärzte in der Regel keine Experten für Ernährungsfragen sind, richten Sie Fragen bezüglich Ihrer Ernährung an erfahrene Ernährungsberater, die sich mit Divertikulitis auskennen. Bedenken Sie auch, dass wir als Herausgeber dieses Buches keine Haftung für die Rezepte übernehmen können. Nicht nur, dass sich möglicherweise kleine Fehlerteufel eingeschlichen haben, sondern auch, dass sich zwischenzeitlich neue medizinische Erkenntnisse bezüglich der Divertikulitis ergeben haben könnten.

Ballaststoffe

Eine der wichtigsten Voraussetzungen bei Divertikulitis ist es, erneute Schübe und Verstopfung zu vermeiden und für einen leichten und regelmäßigen Stuhlgang zu sorgen. Damit dies gelingt, sollte während der chronischen Phase ballaststoffreiche Kost verzehrt werden, denn hierdurch wird die Transitzeit der Nahrungsmittel wesentlich verkürzt.

Bei den Ballaststoffen unterscheidet man zwischen *wasserlöslichen* und *wasserunlöslichen*. Während die wasserlöslichen (u. a. Dextrine, Pektin, Johannisbrotkernmehl) fast komplett im Darm abgebaut werden, geschieht dies bei den wasserunlöslichen (Cellulose) nur zu einem geringen Teil.

Um Verstopfung zu vermeiden, sollte es Ihr tägliches Ziel sein, möglichst 40 g Ballaststoffe über den Tag verteilt zu sich zu nehmen. Wenn Sie beispielsweise ein Frühstücksmüsli und 2 frische Früchte verzehren, haben Sie bereits 20 g geschafft. Sie sehen, dass es also gar nicht so schwer ist, seine tägliche Ration zu erreichen.

Eine Tagesration während der chronischen Phase könnte zum Beispiel so aussehen:

5 Scheiben Vollkornbrot (250 g) = 20 g Ballaststoffe
3 Kartoffeln (200 g) = 4 g Ballaststoffe
2 Äpfel ungeschält (200 g) = 6 g Ballaststoffe
1 Birne ungeschält = 3 g Ballaststoffe
50 g Haferflocken = 4,5 g Ballaststoffe
1 Banane = 2 g Ballaststoffe

Gesamtmenge = 39,5 g Ballaststoffe

Die folgende Tabelle soll Ihnen bei Ihrer täglichen Planung helfen, die erforderliche Menge an Ballaststoffen zu erreichen:

Nahrungsmittel je 100 g	**Ballaststoffe in Gramm**
Ananas	1
Apfel roh	3
Apfelkompott	2
Apfelsine	2
Aprikose, roh	3
Aprikose, getrocknet	24
Aubergine, roh	4
Avocado, roh	3
Banane, roh	2
Birne, roh	3
Blumenkohl gekocht	2-3
Bohnen, weiß	23
Brokkoli, gekocht	5
Buchweizenvollkornmehl	3
Chicorée, roh	1

Nahrungsmittel je 100 g	**Ballaststoffe in Gramm**
Cornflakes	4
Erbsen, gekocht	7
Frühlingszwiebel, gekocht	3
Gartenkresse	2
Grapefruit, roh	1
Grünkohl, gekocht	2
Haferflocken	9
Hirse	7
Kartoffel, gekocht	2
Kleieknäckebrot	20
Knollensellerie, gekocht	3
Kopfsalat, roh	3
Kokosraspel	24
Kürbis, roh	2
Lauch, roh	3
Leinsamen, ungeschält	4
Linsen getrocknet	4-11
Löwenzahnblätter, roh	2
Mandarinen, roh	3
Mandeln	9
Möhren	3
Oliven, grün	5
Oliven, schwarz	4
Petersilie, roh	7
Reis, Vollkorn	4
Reis, gekocht, parboiled	0,6
Rettich, roh	2
Rhabarber, roh	4
Roggenknäckebrot	14

Nahrungsmittel je 100 g	**Ballaststoffe in Gramm**
Roggenvollkornbrot	6
Roggenvollkornmehl	13
Rosenkohl, roh	3-6
Rosenkohl, gekocht	5
Rosinen, getrocknet	10
Rote Bete	4
Sauerkraut, roh	2
Spinat, roh	6
Spinat, gekocht	7
Spinat, tiefgefroren	1
Spargel, gekocht	3
Vollkornnudeln, gekocht	4
Wassermelone	1
Vollkornzwieback	10
Weintrauben, grün	2
Weizenvollkornmehl	11
Zucchini	1
Zwiebel, roh	2

Rezepte Akutphase

Ernährung in der Akutphase

Ein akuter Schub wird in den meisten Fällen stationär in einer Klinik behandelt und besteht aus Bettruhe und Nahrungskarenz.
Je nach Ausprägung des Schubes erhält man eine künstliche Ernährung in Form von Infusionen oder eine extrem ballaststoffarme Kost.

Nach Beendigung der künstlichen Ernährung erfolgt ein ganz allmählicher Kostaufbau, der meistens aus flüssigen oder flüssigbreiigen Nahrungsmitteln wie beispielsweise Wasser, Brühe, Tee und Säften besteht.

Diese Phase dauert bei vielen Patienten 2 bis 3 Tage, und sie soll dazu verhelfen, dass sich der Körper langsam daran gewöhnt, wieder feste Nahrung aufzunehmen.

Im Anschluss an diese Akutphase werden ganz allmählich Ballaststoffe in die Nahrung eingebaut, wie Sie in dem Kapitel ‚Einführungsphase' nachlesen können.

Haferschleimsuppe

Haferschleimsuppe ist geradezu *der* Klassiker, wenn es um eine sehr effektive Schonkost und Entlastung des Verdauungstraktes geht. Durch sie wird der Körper außerdem mit wichtigen Salzen versorgt, was zur Kräftigung des Körpers beiträgt.

Zutaten für 1 Person:
- ¼ Liter Wasser
- 1 TL Gemüsebrühe (Instant)
- 2 EL Schmelzflocken

Zubereitung:
Gemüsebrühe und Schmelzflocken in Wasser einrühren. Aufkochen und dabei stetig rühren. Dann auf niedriger Stufe köcheln lassen bis die Konsistenz etwas dickflüssig ist.

***

Basische Gemüsesuppe

Zutaten für 2 Personen:
- 1 kleine Sellerieknolle
- ½ Weißkohl
- 1 Lauchstange
- 5 Möhren
- 1 Liter Wasser
- etwas Salz

Zubereitung:
Gemüse putzen, waschen und in kleine Stücke schneiden. Mit Wasser in einen Topf geben und aufkochen. Dann 1,5 Stunden auf kleiner Stufe köcheln lassen. Durch ein Sieb gießen, mit Salz abschmecken und über den Tag verteilt trinken.

Grießsuppe

Zutaten für 2 Personen:
- 300 ml fettarme Milch
- 4 TL feiner Grieß
- 1 TL Butter

Zubereitung:
Milch zum Kochen bringen, dann Grieß einrühren. Herd ausschalten und so lange umrühren, bis Grieß aufgequollen ist. Butter einrühren.

***

Gemüsebrühe

Zutaten für 4 Personen:
- 250 g Lauch
- 450 g Sellerie
- 350 g Möhren
- 250 g Fenchelknolle
- 1 Knoblauchzehe
- 1 Zwiebel, 1 Bund Petersilie, 3 Lorbeerblätter
- 1,8 Liter Wasser
- etwas Salz

Zubereitung:
Lauch, Möhren und Sellerie putzen und klein schneiden. Fenchel halbieren, vom keilförmigen Strunk befreien, quer zu den Fasern teilen und in ca. 1 cm breite Streifen schneiden. Petersilie, Zwiebel und Knoblauch fein hacken. Alle Zutaten in einen großen Topf geben und mit Wasser auffüllen. Kurz aufkochen, dann 30 Minuten auf kleiner Stufe köcheln.
In ein engmaschiges Sieb gießen, Lorbeerblätter entnehmen. Gemüse mit einem Holzspatel ausdrücken, die Gemüsebrühe kurz erwärmen und auf Tellern verteilen.

ERNÄHRUNG IN DER EINFÜHRUNGSPHASE

Nach der akuten Phase ist immer eine Einführungsphase erforderlich, die je nach Schweregrad der Divertikulitis bis zu 4 Wochen lang einzuhalten ist.

Nach der akuten Phase muss sich der Körper zunächst daran gewöhnen, wieder etwas festere Nahrungsbestandteile aufzunehmen. Auch in dieser Zeit sollte der Darm noch weitgehend entlastet werden. Ziel muss es daher sein, Lebensmittel zu verzehren, die leicht verdaulich sind, aber den Darm gut passieren können und keine Verstopfung begünstigen. Die leicht verdauliche faserfreie Kost muss von einer ausreichenden Trinkmenge (2 – 3 Liter täglich) begleitet werden.

Vollkornprodukte, Kräuter, Nüsse, Körner, Kerne, Samen und faserreiches Obst und Gemüse sind zu meiden.

Sehr leicht ist eine ballaststoffarme Ernährung durchzuführen, wenn diese aus vielen Milchprodukten besteht. Allerdings ist hier darauf zu achten, inwieweit es zu Verstopfungen kommt und ob Milchprodukte überhaupt verträglich sind. Nicht nur bei einer Laktoseintoleranz, sondern auch bei Unverträglichkeiten auf Milchzucker oder Kasein ist der Verzehr ganz oder teilweise einzuschränken.

Zu den faserarmen Lebensmitteln gehören:

- weich gekochte Nudeln aus Weißmehl
- Kartoffelpüree
- Milchprodukte wie Joghurt, Käse, Buttermilch und Quark
- Pudding
- polierter Reis
- Zwieback
- Obstkompott mit wenig Zellstoff
- Gemüse- und Fruchtsäfte mit wenig Zellstoff
- Suppen (Gemüsesuppe oder Brühe)

Säfte

Ausgepresster Obstsaft

Zutaten für 3 – 4 Portionen:
- 1 Grapefruit
- 2 Bananen
- 2 Apfelsinen
- 2 EL Reissirup
- 200 ml Sojamilch

Zubereitung:
Apfelsinen und Grapefruit auspressen. Bananen in kleinere Stücke schneiden. Alle Zutaten in einen Smoothiemixer geben und pürieren, bis die gewünschte Konsistenz erreicht ist.

***

Apfelsinen-Buttermilch

Zutaten für 4 Personen:
- 500 ml Buttermilch
- 4 Apfelsinen
- 2 EL Honig

Zubereitung:
Apfelsinen auspressen und mit Buttermilch und Honig in einen Smoothiemixer geben. So lange pürieren bis die gewünschte Konsistenz erreicht ist.

Grapefruitmilch

Zutaten für 1 Person:
- 1 Grapefruit
- 120 ml Mandelmilch
- 1 TL Honig

Zubereitung:
Grapefruit auspressen und mit Mandelmilch und Honig in einen Smoothiemixer geben. So lange pürieren bis die gewünschte Konsistenz erreicht ist.

***

Möhrensaft

Zutaten für 3 – 4 Portionen:
- 5 Möhren
- 1 Apfelsine
- 400 ml Mandelmilch

Zubereitung:
Möhren putzen, Apfelsine schälen und alles in grobe Stücke schneiden. Mit einem Entsafter entsaften, dann mit Mandelmilch mixen.

Apfel-Birnensaft

Zutaten für 2 Portionen:

- 4 Äpfel
- 2 Birnen
- etwas Zitronensaft

Zubereitung:

Äpfel und Birnen waschen, vierteln und entkernen. In kleinere Stücke schneiden und mit einem Entsafter entsaften. Mit Zitronensaft abschmecken.

***

Mango-Apfelsaft

Zutaten für 2 Portionen:

- 1 Mango
- 150 ml Apfelsaft
- 150 ml Reismilch
- 1 TL Zitronensaft

Zubereitung:

Mango halbieren, entkernen und schälen. Fruchtfleisch in kleinere Stücke schneiden und mit den weiteren Zutaten in einen Smoothie-mixer geben und pürieren.

Obst-Milchshake

Zutaten für 3 – 4 Portionen:
- 1 Apfel
- 1 Banane
- 3 Aprikosen
- 200 ml Milch
- 1 EL Honig
- 500 ml Naturjoghurt

Zubereitung:
Obst in kleinere Stücke schneiden. Mit Milch in einen Smoothie-mixer geben und pürieren. Joghurt hinzugeben und so lange mixen, bis die gewünschte Konsistenz erreicht ist. Mit Honig abschmecken.

***

Rote Bete-Saft

Zutaten für 2 Portionen:
- 2 Rote Bete
- 2 Äpfel
- 4 Möhren

Zubereitung:
Rote Bete und Möhren putzen. Äpfel waschen, vierteln und entkernen. Alles in kleinere Stücke schneiden und mit einem Entsafter entsaften.

Möhren-Sauerkrautsaft

Zutaten für 4 Portionen:
- 1 kg Möhren
- 1 Flasche Sauerkrautsaft

Zubereitung:
Möhren putzen und mit einem Entsafter entsaften. Anschließend mit Sauerkrautsaft verrühren.

***

Apfel-Milchshake

Zutaten für 2 Portionen:
- 60 ml Apfelsaft
- 300 ml Mandelmilch
- ½ TL Reissirup

Zubereitung:
Alle Zutaten in ein hohes Gefäß geben und gut verrühren.

Suppen

Gemüsesuppe mit Champignons

Zutaten für 4 Personen:

- 600 g Kartoffeln
- je 100 g Möhren, Sellerie und Lauch
- 1,5 Liter Gemüsebrühe
- 150 g frische Champignons
- 1 Zwiebel
- Olivenöl
- etwas Rosmarin, Salbei, Thymian, Salz und Pfeffer

Zubereitung:

Kartoffeln, Möhren, Sellerie und Lauch putzen bzw. schälen und in kleinere Stücke schneiden.

Gemüsebrühe aufkochen, Gemüse, Kräuter und Gewürze hinzugeben. Mit geschlossenem Deckel 20 Minuten garen. Mit Stabmixer pürieren, dann kurz erhitzen.

Zwiebel fein würfeln und in heißem Öl andünsten. Champignons putzen, in Scheiben schneiden und zu den Zwiebeln geben. Weitere 5 Minuten garen, dann in die Suppe einrühren. Mit Salz und Pfeffer abschmecken.

Wenn Ihr Darm noch sehr sensibel reagiert, verzichten Sie auf die Champignons.

Kartoffel-Lauch-Cremesuppe

Zutaten für 3 Personen:

- 300 g Kartoffeln
- 2 Lauchstangen
- 1 Liter Gemüsebrühe
- 2 Lorbeerblätter
- 150 g Crème fraîche
- etwas Salz und Pfeffer

Zubereitung:

Kartoffeln schälen und in Würfel schneiden. Lauch putzen und in feine Ringe schneiden. Gemüsebrühe aufkochen, Kartoffeln, Lauch und Lorbeerblätter hinzugeben. Mit geschlossenem Deckel 20 Minuten köcheln. Lorbeerblätter entnehmen, dann die Suppe durch ein Sieb streichen. Brühe auffangen und erneut aufkochen. Crème fraîche einrühren, mit Salz und Pfeffer abschmecken.

***

Hafersuppe mit Parmesankäse

Zutaten für 4 Personen:

- 4 EL feine Haferflocken
- 1,5 Liter Gemüsebrühe
- 2 Eigelb
- etwas geriebener Parmesankäse

Zubereitung:

Haferflocken in der kalten Gemüsebrühe auflösen, dann aufkochen und ca. 20 Minuten garen. Eigelb mit 3 EL Gemüsebrühe verschlagen, anschließend mit der restlichen Gemüsebrühe verrühren. Mit Parmesankäse anrichten.

Pariser Käsecremesuppe

Zutaten für 4 Personen:

- 1 große Zwiebel
- 40 g Mehl
- ¼ Liter Wasser
- 1 Liter Brühe
- 4 Ecken Schmelzkäse
- Olivenöl, etwas Salz und Pfeffer

Zubereitung:

Zwiebel fein würfeln und in erhitztem Öl andünsten. Nacheinander Mehl und Wasser einrühren. Schmelzkäse hinzugeben und unter ständigem Rühren schmelzen lassen. Sobald der Käse aufgelöst ist, mit Brühe auffüllen. Mit Salz und Pfeffer abschmecken.

***

Pürierte Mandel-Kartoffelsuppe

Zutaten für 4 Personen:

- 500 g Kartoffeln
- 2 EL Mandelmus
- 1 Liter Gemüsebrühe
- 1 große Zwiebel, 2 EL Butter, Saft einer ½ Zitrone,
- etwas Salz und Pfeffer

Zubereitung:

Zwiebel fein würfeln und in zerlassener Butter anschwitzen. Kartoffeln schälen, in kleinere Stücke schneiden und hinzugeben. Mit Gemüsebrühe ablöschen. Mandelmus einrühren. Die Suppe ca. 25 Minuten köcheln. Mit einem Stabmixer pürieren, mit Zitronensaft, Salz und Pfeffer abschmecken.

Rote Bete-Suppe

Zutaten für 4 Personen:

- 800 g Rote Bete
- 2 Äpfel
- 2 Zwiebeln
- 800 ml Gemüsebrühe
- Wasser
- 2 EL Öl
- etwas Dill
- Balsamico-Essig
- Salz und Pfeffer

Zubereitung:

Rote Bete gründlich putzen und waschen. Mit Schale 50 Minuten in gesalzenem Wasser kochen, dann Schale abziehen und in Würfel schneiden.

Zwiebeln fein würfeln, in erhitztem Öl anschwitzen. Die Hälfte der Roten Bete hinzugeben. Mit Gemüsebrühe ablöschen, kurz aufkochen, dann ca. 20 Minuten auf kleiner Stufe köcheln. Mit einem Stabmixer pürieren. Mit Essig, Salz und Pfeffer abschmecken.

Äpfel schälen, vierteln und entkernen. Das Fruchtfleisch würfeln, kurz in etwas Wasser dünsten und mit der restlichen Roten Bete in die Suppe einrühren.

Suppe mit Dill anrichten.

Rucola-Suppe

Zutaten für 1 Person:

- 50 g Rucola
- 200 ml Gemüsebrühe
- 2 EL Kresse
- 2 TL Sauerrahm
- 1 TL Butter
- 1 TL Speisestärke
- etwas Zitronensaft
- Salz und Pfeffer

Zubereitung:

Zwiebeln fein hacken und in erhitzter Butter andünsten. Mit Gemüsebrühe ablöschen, dann aufkochen.

Rucola und Kresse klein hacken und zur Suppe geben. Weitere 5 Minuten köcheln.

Speisestärke in etwas Wasser auflösen und in die Suppe einrühren. Nochmals kurz aufkochen. Mit einem Stabmixer pürieren und mit Sauerrahm, Zitronensaft, Salz und Pfeffer abschmecken.

Cremige Möhrensuppe

Zutaten für 2 Personen:

- 350 g Möhren
- 100 ml Sahne
- 400 ml Gemüsebrühe
- ½ Zwiebel
- 2 EL Schnittlauch, gehackt, 1 TL Butter
- etwas Salz und Pfeffer

Zubereitung:

Zwiebel fein hacken und in erhitzter Butter andünsten. Möhren putzen und würfeln, zu den Zwiebeln geben. Mit Gemüsebrühe ablöschen, kurz aufkochen, dann auf niedriger Stufe ca. 10 Minuten köcheln. Mit einem Stabmixer pürieren, mit Sahne verfeinern und mit Salz und Pfeffer abschmecken. Mit Schnittlauch anrichten.

***

Süße Apfel-Reissuppe

Zutaten für 2 Personen:

- 100 g Reis
- 400 ml Milch
- 1 Apfel
- 1 EL Honig, Wasser, 1 Prise Salz

Zubereitung:

Milch und Reis aufkochen, dann auf niedriger Stufe ca. 12 Minuten köcheln, bis der Reis gar ist. Apfel schälen, vierteln, entkernen und in kleine Würfel schneiden. Unter Zugabe von etwas Wasser in einem Kochtopf garen. Mit dem gar gekochten Reis verrühren, mit Honig und Salz abschmecken.

Kürbiscremesuppe mit Croûtons

Zutaten für 2 Personen:

- 500 g Kürbis
- 500 ml Gemüsebrühe
- 1 Zwiebel
- 1 Knoblauchzehe
- 1 Fleischtomate
- 3 EL Butter
- 100 ml Sahne
- etwas Kresse
- 1 Scheibe Vollkorntoast

Zubereitung:

Kürbis in kleinere Stücke schneiden. Zwiebel und Knoblauch fein hacken. Tomate mit heißem Wasser überbrühen und enthäuten. In Viertel schneiden, entkernen und würfeln.
Toastbrot toasten und in kleine Würfel schneiden. In etwas erhitzter Butter goldbraun rösten.
Die restliche Butter erhitzen und Zwiebel, Knoblauch und Kürbis darin andünsten. Dann Tomaten hinzugeben und kurz weiter garen.

Mit Gemüsebrühe ablöschen, kurz aufkochen, dann auf niedriger Stufe 25 Minuten köcheln. Mit einem Stabmixer pürieren und durch ein Sieb streichen. Die Suppe nochmals kurz aufkochen, mit Sahne, Salz und Pfeffer abschmecken. Mit Croûtons und Kresse anrichten.

Wenn Ihr Darm noch sehr empfindlich ist, verzichten Sie auf die Croûtons und die Kresse.

Milchsuppe mit Schneebergen

Zutaten für 4 Personen:

- 1 Liter Milch
- 3 Eier
- 4 EL Reis
- 2 EL Reissirup
- 1 Vanilleschote

Zubereitung:

Mark aus der Vanilleschote ausschaben und mit Milch und Reis aufkochen. Mit Reissirup abschmecken.

Das Eiweiß zu festem Eischnee schlagen. Mit einem Esslöffel portionsweise auf die kochende Milch setzen.
Die fertig gekochten Schneeberge aus der Suppe nehmen und auf einem Teller „parken". Das Eigelb in die Suppe einrühren.

Die Suppe auf Tellern verteilen und mit Schneebergen anrichten.
Die Suppe schmeckt warm oder kalt.

Apfel-Kaltschale

Zutaten für 4 Personen:
- 2 Äpfel
- 500 ml Apfelsaft
- 500 ml Traubensaft
- 250 ml Wasser
- 20 g Speisestärke
- Saft von ½ Zitrone
- 2 – 3 EL Reissirup

Zubereitung:
Apfelsaft, Traubensaft, Zitronensaft und Wasser in einem Topf verrühren und aufkochen.
Äpfel schälen, vierteln, entkernen und fein würfeln. In den Saft geben und auf niedriger Stufe köcheln, bis die Apfelstücke gar sind.
Speisestärke mit etwas Wasser anrühren, dann zur Suppe geben. Gut umrühren, mit Reissirup abschmecken, dann abkühlen lassen.

Sauerkirsch-Kaltschale

Zutaten für 2 Personen:

- 300 g Sauerkirschen
- 150 ml Kirschsaft
- 150 ml Orangensaft
- 50 ml Schlagsahne
- 50 g Speisestärke
- 2 – 3 EL Reissirup
- 1 EL feine Haferflocken

Zubereitung:

Orangen- und Kirschsaft in einen Topf geben und aufkochen. Speisestärke und Reissirup einrühren, mit geschlossenem Deckel auf niedriger Stufe 10 Minuten köcheln.
Kirschen hinzugeben, weitere 8 Minuten köcheln.
Suppe portionsweise auf Tellern verteilen, kurz im Kühlschrank abkühlen lassen.

Vor dem Servieren Sahne steif schlagen und auf Suppe verteilen. Mit Haferflocken bestreuen.

Herzhaftes

Überbackenes Kartoffelpüree

Zutaten für 2 Personen:

- 500 g Kartoffeln
- 50 g Butter
- 2 Handvoll Schnittlauch
- 250 ml heiße Milch
- 3 EL geriebener Emmentaler
- 1 Eigelb
- 1 EL Reissirup
- etwas Muskat und Salz

Zubereitung:

Kartoffeln schälen, in kleinere Stücke schneiden und ca. 25 Minuten in gesalzenem Wasser garen. Abgießen und durch eine Kartoffelpresse drücken.
Milch, die Hälfte der Butter und Eigelb hinzugeben. Auf niedriger Stufe erhitzen, dabei stetig umrühren.

Mit Reissirup, Salz und Muskat abschmecken. Mit einem Schneebesen rühren bis das Püree cremig ist.

Etwas Püree in einen Spritzbeutel füllen, den Rest in eine eingefettete Auflaufform geben und glattstreichen. Mit dem Spritzbeutel einen Rand kreieren. Käse und Butterflöckchen auf dem Püree verteilen.

Im vorgeheizten Backofen ca. 15 Minuten bei 200 °C backen.
Schnittlauch fein hacken und auf dem fertigen Püree verteilen.

Kartoffelpüree klassisch

Zutaten für 2 Personen:

- 600 g Kartoffeln, mehlig kochend
- 50 g Butter
- 250 ml Milch
- etwas Muskat und Salz

Zubereitung:

Kartoffeln waschen und als Pellkartoffeln gar kochen. Die Schale entfernen und durch eine Kartoffelpresse drücken.
Milch erhitzen, Butter, Muskat und Salz einrühren. Mit Kartoffelmasse vermengen und kräftig umrühren. Wenn das Püree zu trocken ist, etwas mehr Milch hinzugeben.

***

Käse-Kartoffelpüree

Zutaten für 2 Personen:

- 500 g Kartoffeln, mehlig kochend
- 25 g Butter
- 50 g Parmesan, gerieben
- 120 ml Milch
- 2 EL Schnittlauch, gehackt, etwas Muskat und Salz

Zubereitung:

Kartoffeln waschen und als Pellkartoffeln gar kochen. Die Schale entfernen und durch eine Kartoffelpresse drücken.
Milch erhitzen, Butter, Muskat und Salz einrühren. Mit Kartoffelmasse vermengen und kräftig umrühren. Parmesan und Schnittlauch unterrühren. Wenn das Püree zu trocken ist, etwas mehr Milch hinzugeben.

Rote Bete-Creme

Zutaten für 2 Personen:

- 250 g Rote Bete
- 1 kleine Zwiebel
- 180 ml Gemüsebrühe
- 2 EL Sahne
- 1 EL Haferkleie
- 1 EL Butter
- etwas Salz und Pfeffer

Zubereitung:
Rote Bete putzen, schälen und in Würfel schneiden.

Zwiebel fein hacken und mit Roter Bete in erhitzter Butter anschwitzen. Mit Gemüsebrühe ablöschen, auf niedriger Stufe ca. 15 Minuten köcheln.

Mit einem Stabmixer pürieren, Haferkleie und Sahne unterrühren, mit Salz und Pfeffer abschmecken.

Möhrencreme

Zutaten für 4 Personen:

- 350 g Möhren
- 1 kleine Zwiebel
- 250 ml Milch
- 250 ml Gemüsebrühe
- 250 ml Orangensaft
- 3 EL Crème fraîche
- 2 EL feine Haferflocken
- Butter
- etwas Salz und Pfeffer

Zubereitung:

Zwiebel fein würfeln und in zerlassener Butter andünsten. Möhren abschaben, klein schneiden und mit Gemüsebrühe zur Zwiebel geben. Auf mittlerer Stufe und mit geschlossenem Deckel ca. 20 Minuten garen. Mit einem Stabmixer pürieren, Milch, Orangensaft, Haferflocken und Crème fraîche einrühren. Mit Salz und Pfeffer abschmecken.

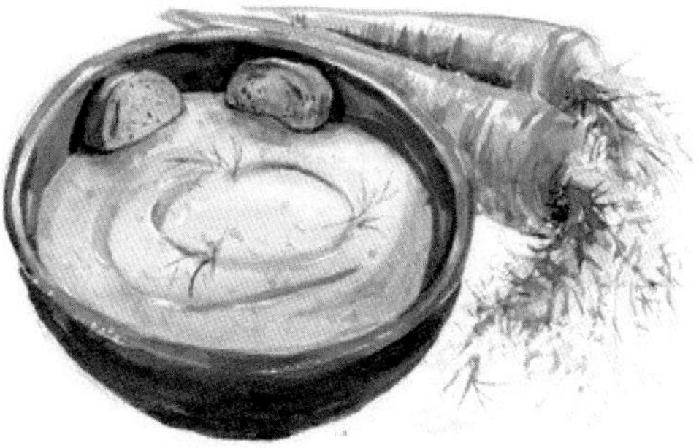

Nudeln mit Avocadosoße

Zutaten für 2 Personen:
- 200 g Nudeln aus Hartweizengrieß
- 100 ml Sahne
- 50 ml Milch
- 1 essreife Avocado
- 1 EL Zitronensaft; 2 EL Parmesankäse, gerieben, etwas Salz und Pfeffer

Zubereitung:
Nudeln in gesalzenem Wasser bissfest kochen.
Für die Soße Sahne mit Milch verrühren und aufkochen. Fruchtfleisch der Avocado hinzugeben, mit Stabmixer pürieren. Mit Zitronensaft, Salz und Pfeffer abschmecken. Nudeln abgießen und mit Avocadosoße und Parmesankäse anrichten.

***

Nudeln mit Currysoße

Zutaten für 2 Personen:
- 200 g Nudeln aus Hartweizengrieß
- ½ Tasse Sahne, 15 ml Apfelsaft
- 2 TL Currypulver
- 2 EL Parmesankäse, gerieben; etwas Salz

Zubereitung:
Nudeln in gesalzenem Wasser bissfest kochen.
Für die Soße Sahne mit Apfelsaft verrühren und erhitzen, mit Currypulver und Salz abschmecken.
Nudeln abgießen und mit Currysoße und Parmesankäse anrichten.

Nudeln mit Tomatensoße

Zutaten für 1 Person:

- 100 g Nudeln aus Hartweizengrieß
- ¼ Tube Tomatenmark
- Wasser
- 1 EL Parmesankäse, gerieben
- etwas Paprikapulver, Salz und Pfeffer

Zubereitung:

Nudeln in gesalzenem Wasser bissfest kochen.
Für die Soße Tomatenmark mit 50 ml Wasser verrühren.
Kurz aufkochen, mit Paprikapulver, Salz und Pfeffer abschmecken.
Nudeln abgießen und mit Tomatensoße und Parmesankäse anrichten.

***

Seezungenfilet

Zutaten für 1 Person:

- 200 g Seezungenfilet
- ½ Zitrone, Saft davon
- ½ kleine Zwiebel
- Butter
- etwas Salz und Pfeffer

Zubereitung:

Seezungenfilet mit Zitronensaft einreiben, dann 30 Minuten ziehen lassen. Zwiebel fein hacken und mit Seezungenfilet in eine mit Butter eingefettete Auflaufform legen. Butterflöckchen, Salz und Pfeffer darüber verteilen. Im vorgeheizten Backofen ca. 20 Minuten bei mittlerer Hitze garen. Das Seezungenfilet schmeckt gut zu Kartoffeln, Weißbrot oder poliertem Reis.

Putengeschnetzel

Zutaten für 1 Person:

- 300 g Putenfilet
- Wasser
- etwas Salz und Pfeffer
- Bratschlauch

Zubereitung:

Putenfleisch in dünne Streifen schneiden, mit Salz und Pfeffer würzen. Mit etwas Wasser in einen Bratschlauch geben. Bratschlauch mit einer Nadel mehrmals einstechen, damit er nicht platzt.
Im vorgeheizten Backofen 20 Minuten garen. Das Putengeschnetzel schmeckt gut zu poliertem Reis oder Kartoffeln.

***

Forelle im Bratschlauch

Zutaten für 1 Person:

- 1 Forelle
- 1 Zwiebel
- 120 ml Wasser
- etwas Salz und Pfeffer, Bratschlauch

Zubereitung:

Forelle waschen und abtrocknen. Innen und außen mit Salz und Pfeffer würzen. Zwiebel fein hacken und mit Forelle und Wasser in den Bratschlauch legen. Bratschlauch mit einer Nadel mehrmals einstechen, damit er nicht platzt. Im vorgeheizten Backofen ca. 20 Minuten bei 180 °C garen. Backofen ausschalten, Forelle noch weitere 10 Minuten ruhen lassen. Die Forelle schmeckt gut zu Kartoffeln, Weißbrot oder poliertem Reis.

Schinkennudelauflauf

Zutaten für 4 Personen:

- 250 g Hartweizennudeln
- 130 g Gouda, gerieben
- 125 ml Sahne
- 125 ml Milch
- 2 Eier
- 200 g gekochter Schinken am Stück
- Butter
- etwas Paniermehl, Muskat und Salz

Zubereitung:

Nudeln entsprechend der Packungsbeschreibung gar kochen. Dann abgießen und die Hälfte der Nudeln in eine eingefettete Auflaufform geben.

Schinken in kleine Würfel schneiden und mit 60 g Gouda auf den Nudeln verteilen. Die restlichen Nudeln darüber geben.

Milch mit Eiern, Sahne und Gewürzen verquirlen und über den Auflauf gießen. Paniermehl, Butterflöckchen und restlichen Gouda darüber verteilen.

Im vorgeheizten Backofen ca. 35 Minuten bei 210 °C garen.

Gedünstete Hähnchenkeule

Zutaten für 2 Personen:
- 2 Hähnchenkeulen
- 100 ml Hühnerbrühe
- 4 Lorbeerblätter
- 1 kleine Zwiebel
- etwas Salz und Pfeffer

Zubereitung:
Hähnchenkeulen mit Salz und Pfeffer würzen.

Brühe und Lorbeerblätter in einen großen flachen Topf geben und aufkochen. Hähnchenkeulen mit der Haut nach oben hineinlegen, mit Salz und Pfeffer würzen.

Zwiebel fein würfeln und beimengen, dann ca. 40 Minuten köcheln bis die Hähnchenkeulen gar sind.

Schmeckt gut zu Kartoffeln und faserarmem Apfelmus.

Quark- und Puddingspeisen

Thunfischpaste

Zutaten für 2 Personen:

- 1 Dose Thunfisch
- 250 g Magerquark
- 4 EL Wasser
- 1 kleines Stück Salatgurke
- 1 Handvoll Schnittlauch
- etwas Muskat, Salz und Pfeffer

Zubereitung:

Gurke schälen, längs halbieren, Kerne mit einem Löffel ausschaben. In feine Würfel schneiden.

Quark mit Wasser cremig rühren. Thunfisch mit einer Gabel zerdrücken. Schnittlauch fein hacken. Alle Zutaten in eine Schüssel geben und gut umrühren.

***

Orangenquark

Zutaten für 2 Personen:

- 500 g Magerquark
- 150 ml Orangensaft
- 1 EL Honig

Zubereitung:

Quark mit Orangensaft und Honig verrühren.

Gurkenquark

Zutaten für 4 Personen:
- 650 g Magerquark
- 1 Salatgurke
- 1 Zitrone, Saft davon
- etwas Paprikapulver, Salz und Pfeffer

Zubereitung:
Gurke schälen, längs halbieren, Kerne mit einem Löffel ausschaben. Mit einer Gemüsereibe fein raspeln und ausdrücken.
Quark mit Zitronensaft verrühren, mit Gewürzen abschmecken, Gurke hinzugeben.

***

Bananenquark

Zutaten für 2 Personen:
- 250 g Magerquark
- 1 reife Banane
- 4 EL Honig
- 4 EL Milch
- 4 EL Wasser

Zubereitung:
Banane in grobe Stücke schneiden, mit den weiteren Zutaten in ein hohes Gefäß geben und mit einem Stabmixer pürieren.

Apfelpudding

Zutaten für 4 Personen:

- 500 ml Apfelsaft
- ½ Becher Sahne
- 1 Pck. Vanillepuddingpulver
- 3 EL Honig

Zubereitung:

Puddingpulver mit etwas Apfelsaft und Honig verrühren.
Den restlichen Apfelsaft aufkochen, das vorbereitete Puddingpulver einrühren. Kurz aufkochen, dann unter gelegentlichem Umrühren abkühlen lassen.
Sahne steif schlagen und unter den erkalteten Pudding ziehen.

***

Apfelquark

Zutaten für 4 Personen:

- 500 g Magerquark
- 1 Becher Sahne
- 200 ml Apfelsaft
- 1 Apfel

Zubereitung:

Apfel schälen, vierteln, entkernen und in kleinere Stücke schneiden.
Mit etwas Wasser dünsten, dann zu feinem Apfelmus stampfen.
Alle Zutaten in eine Schüssel geben und cremig rühren.

Melonen-Sanddornquark

Zutaten für 2 Personen:

- 250 g Magerquark
- 4 EL Wasser
- 50 g entkernte Wassermelone
- 2 EL Sanddornsirup
- 1 EL Honig

Zubereitung:

Melonenfruchtfleisch mit einer Gabel zerdrücken.

Quark mit Wasser cremig rühren, dann mit den weiteren Zutaten vermengen.

***

Vanillequark

Zutaten für 4 Personen:

- 250 g Magerquark
- 500 ml Magermilch
- 1 Pck. Vanillepuddingpulver
- 4 EL Honig

Zubereitung:

Puddingpulver mit 6 EL Milch und Honig verrühren.

Die restliche Milch aufkochen, von der Herdplatte nehmen und das angerührte Puddingpulver einrühren.

Nochmals aufkochen, dabei stetig rühren. Anschließend Quark beimengen.

Ernährung in der chronischen Phase

Wenn Sie die akute Phase und die Schonzeit für Ihren Darm erfolgreich hinter sich gebracht haben, kann Ihr Arzt Ihnen empfehlen, die Ernährungsweise auf ballaststoffreiche Lebensmittel umzustellen. In vielen Fällen beginnt man 4 bis 6 Wochen nach dem Schub mit der langsamen Ernährungsumstellung. Sollten Sie sich dennoch nach dem Essen von ballaststoffreichen Lebensmitteln unwohl fühlen, reduzieren Sie Ihr Tempo und lassen Sie sich etwas mehr Zeit für die Umstellung.

Ziel der ballaststoffreichen Ernährung während der chronischen Phase ist es, erneuten Entzündungen vorzubeugen, indem für eine regelmäßige Verdauung und eine verkürzte Stuhlpassagezeit im Darm gesorgt wird. Dies wird durch die Ballaststoffe erreicht, weil diese gar nicht oder nur teilweise im Dünndarm verdaut werden. Sie gelangen während des Verdauungsprozesses weiter in den Dickdarm, wo sie für eine verbesserte Darmtätigkeit sorgen. Außerdem führen die Ballaststoffe zu einer Erhöhung der Stuhlmasse und einer Senkung des Drucks im Darm.

Wie bereits erwähnt, sollten Sie eine Ernährungsumstellung auf eine ballaststoffreiche Kost sehr vorsichtig angehen. Da Ihr Darm bisher wahrscheinlich nicht an eine Verarbeitung von ballaststoffreichen Lebensmitteln gewöhnt ist, würden Sie ihn mit einer radikalen Umstellung überfordern. Verzichten Sie in der ersten Zeit Ihrer Ernährungsumstellung besonders auf blähungsfördernde Lebensmittel, auf ganze Nüsse, Trockenfrüchte und Körner.

Je mehr sich Ihr Darm erholt, desto mehr Lebensmittel können Sie im Laufe der Zeit in Ihren Ernährungsplan einbauen. Wenn Sie beispielsweise direkt nach der Schonkost noch sehr große Probleme mit einer bestimmten Gemüsesorte haben, verzichten Sie die folgenden Wochen oder sogar Monate darauf, und versuchen Sie es nach einer Weile erneut, indem Sie dann mit kleinen Portionen beginnen.

Ernährung in der chronischen Phase

Wenn nicht mit der nötigen Sorgfalt an die Ernährungsumstellung herangegangen wird, könnte der Darm mit unangenehmen Verdauungsproblemen reagieren, die sich in Form von Blähungen, Durchfällen, unregelmäßigem Stuhl oder Bauchschmerzen äußern. Dies wird darauf zurückgeführt, dass die Ballaststoffe von Darmbakterien abgebaut werden. Die hierdurch entstehenden Gase führen dann zu den unliebsamen Blähungen. Besonders häufig werden derartige Verdauungsprobleme beobachtet, wenn zuvor sehr viele zuckerhaltige Lebensmittel verzehrt wurden.

Überfordern Sie Ihren Darm also nicht durch übertriebenen Ehrgeiz nach dem Motto „Viel hilft viel". Beginnen Sie mit kleinen Mengen an Ballaststoffen, und steigern Sie diese kontinuierlich. Je mehr sich Ihr Darm an diese Ernährungsweise gewöhnt, desto mehr werden die eventuell auftretenden Verdauungsprobleme wie Blähungen im Laufe der Zeit nachlassen.

Das bedeutet, dass Sie mit der Zeit zunehmend mehr Ballaststoffe vertragen, je mehr sich Ihr Körper an diese Nahrungsmittel gewöhnt. So können Sie mittelfristig das Ziel erreichen, eine tägliche Ballaststoffzufuhr von ca. 30 g verzehren zu können. Bei einer Neigung zu Verstopfungen, erhöhen Sie die Ballaststoffe auf ca. 40 g pro Tag.

Ein Tagesplan könnte beispielsweise so aussehen: 4 große Kartoffeln (7 g Ballaststoffe), 3 Äpfel (9 g Ballaststoffe), 3 Scheiben Vollkornbrot (12 g Ballaststoffe), 2 Möhren (6 g Ballaststoffe), 1 Birne (4 g Ballaststoffe).

Als besonders ballaststoffreich gelten Nahrungsmittel wie Kartoffeln, Obst (insbesondere Äpfel, Bananen und Zitrusfrüchte) und Gemüse, Salate, Vollkorngetreide und Hülsenfrüchte (Erbsen, Bohnen, Linsen).

Ernährung in der chronischen Phase

Da Hülsenfrüchte bei vielen Menschen zu Blähungen führen, sollten diese allerdings mit Bedacht verzehrt werden. Überhaupt sollte man ein Gespür dafür entwickeln, welche Nahrungsmittel einem bekommen und welche nicht. Sobald Sie den Eindruck haben, dass Sie ein Lebensmittel nicht vertragen, verzichten Sie zumindest vorübergehend auf den Verzehr und testen Sie es zu einem späteren Zeitpunkt erneut.

Parallel zu der Erhöhung der Ballaststoffe sollte man das Essen von tierischen Erzeugnissen wie Fleisch, Fisch, Wurst, Käse und Eier reduzieren, weil diese Lebensmittel nur sehr wenige oder sogar gar keine Ballaststoffe enthalten. Verzichten Sie möglichst auf Weißmehlprodukte und Zucker. Für eine regelmäßige und problemlose Verdauung sind aber nicht nur die Ballaststoffe erforderlich, sondern auch eine ausreichende Trinkmenge von täglich 2 bis 3 Litern. Die Getränke sollten kalorienarm, alkoholfrei und möglichst ohne Koffein sein.

Nur mit einer ausreichenden Flüssigkeitsmenge können die Ballaststoffe quellen und somit für einen weicheren Stuhlgang sorgen. Wird der Körper nicht mit genügend bzw. der richtigen Flüssigkeit versorgt, bewirken die Ballaststoffe genau das Gegenteil von dem, was man eigentlich mit ihnen erreichen möchte: Bei einem zu geringen Flüssigkeitsverzehr oder durch falsche Getränke verhärtet sich der Nahrungsbrei im Darm, was zu Verstopfungen führen kann. Zu den verstopfungsfördernden Getränken zählen insbesondere schwarzer Tee und Kakao.

Das wirksamste und gesündeste Getränk ist kohlensäurefreies Wasser, aber auch Kräutertees oder mit Wasser verdünnte Obst- und Gemüsesäfte sind empfehlenswert.

Ernährung in der chronischen Phase

Der Verzehr von Ballaststoffen kann durch die Einnahme von Weizenkleie unterstützt werden. Hierdurch wird das Stuhlgewicht sehr stark erhöht, sodass eine regelmäßige Verdauung gefördert wird. Insbesondere, wenn zu Beginn der Ernährungsumstellung nur wenige ballaststoffreiche Nahrungsmittel vertragen werden, kann der Verzehr von Weizenkleie sehr hilfreich sein.

Am effektivsten ist Weizenkleie, wenn sie nicht in gemahlener, sondern in grober Form verzehrt wird. Die Verzehrmöglichkeiten von Weizenkleie sind vielseitig. So kann man Weizenkleie in einen Becher Naturjoghurt oder ins Müsli einrühren, oder man streut sie über einen Salat oder eine Suppe. Die unbehandelte Weizenkleie wirkt effektiver als gekochte.

Als Alternative zu Weizenkleie eignen sich Indische Flohsamen, teilhydrolysiertes Guarkernmehl und Bulgur.

Frühstück - chronische Phase

Müslimischung selbst gemacht

Zutaten für 1 Person:

- je 300 g kernige und zarte Haferflocken, Buchweizenpops und Hirseflocken
- 200 g fein gemahlene Haselnüsse
- 8 EL Mandelblätter

Zubereitung:

Alle Zutaten in eine Schüssel geben und vermischen.
Diese Müslimischung dient als Vorrat und Grundlage für alle individuellen Kreationen und kann nach Belieben und persönlicher Verträglichkeit z. B. mit Früchten, Joghurt oder Sahnequark ergänzt werden.

***

Frischkornmüsli mit Aprikosen

Zutaten für 1 Person:

- 50 g geschroteter Dinkel
- 30 ml Dickmilch
- 100 ml Milch
- 3 frische Aprikosen
- 1 EL Honig

Zubereitung:

Dinkel über Nacht in Milch einweichen und aufquellen lassen.
Am nächsten Morgen mit Dickmilch und Honig verrühren.
Aprikosen klein schneiden und beimengen.

Apfel-Müsli

Zutaten für 1 Person:
- ½ Tasse Vollwertmüsli
- 125 ml Naturjoghurt
- 1 TL Honig
- 1 TL Haselnüsse, gerieben
- 2 EL geriebener Apfel
- 2 EL feine Haferflocken
- ½ Zitrone, Saft davon

Zubereitung:
Alle Zutaten in eine Schüssel geben und vermengen.

***

Sanddornsaft-Müsli

Zutaten für 1 Person:
- 1 Becher Naturjoghurt
- 5 EL feine Haferflocken
- 3 EL Sanddornsaft
- 1 TL Reissirup
- 2 EL geriebener Apfel

Zubereitung:
Alle Zutaten in eine Schüssel geben und vermengen.

Apfel-Bananen-Müsli

Zutaten für 2 Personen:
- 100 g kernige Haferflocken
- 6 EL Buchweizenpops
- 1 Banane
- 1 Apfel
- 1 EL Honig
- 1 EL Zitronensaft, 150 ml Joghurt
- 250 ml Milch

Zubereitung:
Haferflocken mit Milch vermengen, über Nacht zudecken und im Kühlschrank aufquellen lassen.
Am nächsten Morgen den Apfel raspeln und die Banane mit einer Gabel zerdrücken. Mit den weiteren Zutaten in eine Schüssel geben und umrühren.

***

Apfel-Mandarinen-Müsli

Zutaten für 1 Person:
- 1 Apfel
- 2 Mandarinen
- 1 Becher Naturjoghurt
- 2 EL feine Haferflocken
- 1 EL Buchweizenflocken, 1 EL geschrotete Weizenkleie
- etwas Milch , ½ Zitrone, Saft davon, 1 EL Honig

Zubereitung:
Apfel auf einer Reibe raspeln. Mandarinen schälen und das Fruchtfleisch klein schneiden. Alle Zutaten in eine Schüssel geben und gut umrühren.

Aprikosen-Müsli

Zutaten für 1 Person:

- 1 Becher Naturjoghurt
- 4 Aprikosen
- 3 EL grobe Haferflocken
- 1 EL Reissirup, 1 EL Mandelblätter

Zubereitung:

Aprikosen halbieren, entkernen und in kleinere Stücke schneiden. Mit Joghurt, Reissirup und Haferflocken vermengen. Mit Mandelblättern bestreuen.

***

Mango-Ananas-Müsli

Zutaten für 4 Personen:

- 50 g geschroteter Dinkel
- 2 Bananen
- 1 Mango
- ½ Ananas
- 50 g frische Aprikosen
- 3 EL Buchweizenpops
- 500 ml Milch, 5 EL Birnendicksaft
- 4 EL Kokosraspeln, ½ Zitrone, Saft davon

Zubereitung:

Dinkel in Milch einweichen und über Nacht im Kühlschrank aufquellen lassen.

Am nächsten Morgen das Obst in mundgerechte Stücke schneiden. In eine Schüssel geben, mit Zitronensaft beträufeln und gut umrühren. Alle weiteren Zutaten hinzugeben.

Milchreis mit Avocado

Zutaten für 3 Personen:
- 500 ml Milch
- 1 essreife Avocado
- 200 g Milchreis
- 4 Mandarinen
- 20 g geriebene Mandeln
- ½ Vanilleschote
- 4 EL Reissirup
- 1 Prise Salz

Zubereitung:
Milch aufkochen, dann Reis, Mandeln, Reissirup, Salz und Vanillemark einrühren. Auf niedriger Stufe 40 Minuten aufquellen lassen, zwischendurch umrühren.

Avocado halbieren und entkernen. Das Fruchtfleisch aus der Schale lösen und mit einem Stabmixer pürieren.

Mandarinen in kleinere Stücke schneiden und mit dem Avocadomus zum Milchreis geben. Gut umrühren und heiß servieren.

Hirsebrei mit Walnüssen

Zutaten für 3 Personen:

- 400 ml Wasser
- 200 g Hirseflocken
- 50 g geriebene Walnüsse
- 2 Vanilleschoten, 3 EL Reissirup, etwas Salz und Zimt

Zubereitung:

Vanillemark und die leeren Vanilleschoten mit Salz und Zimt in einen Topf geben. Mit Wasser aufgießen und aufkochen.
Hirseflocken einrühren, auf niedriger Stufe weitere ca. 8 Minuten köcheln. Topf von der Herdplatte nehmen und ca. 15 Minuten ziehen lassen. Vanilleschoten herausnehmen. Reissirup und Walnüsse einrühren.

***

Buchweizenbrei

Zutaten für 1 Person:

- 3 EL Buchweizenflocken
- 2 Möhren
- etwas Wasser
- 1 TL Ahornsirup, 1 TL geschrotete Weizenkleie

Zubereitung:

Buchweizenflocken mit Wasser aufkochen. Topf von der Herdplatte nehmen und ca. 15 Minuten aufquellen lassen.
Möhren putzen, abschaben und waschen. Mit einer Reibe raspeln und mit der Weizenkleie zu den Buchweizenflocken geben. Mit Ahornsirup abschmecken.

Quarkmüsli mit gemischtem Obst

Zutaten für 1 Person:

- je ½ Banane, Apfel und Apfelsine
- 5 EL Magerquark
- 1 EL Wasser
- 2 EL feine Haferflocken
- 1 TL geschrotete Weizenkleie
- 1 TL Honig, etwas Zitronensaft

Zubereitung:

Quark mit Wasser und Honig cremig rühren.
Obst in kleine Stücke schneiden, mit Haferflocken, Weizenkleie und Quark vermengen. Mit Zitronensaft abschmecken.

***

Obstbrot mit Banane und Apfel

Zutaten für 2 Personen:

- 1 Banane
- 1 Apfel
- 1 TL Zitronensaft
- 2 TL feine Haferflocken
- 2 Scheiben Vollkornbrot, Butter

Zubereitung:

Banane in Scheiben schneiden.
Apfel schälen, vierteln und entkernen. In dünne Scheiben schneiden. Brotscheiben mit Butter bestreichen. Obst darauf verteilen und mit Zitronensaft beträufeln. Haferflocken darüber streuen.

Avocado-Brotaufstrich

Zutaten:

- 1 essreife Avocado
- 2 EL Zitronensaft
- 2 EL Kresse, fein gehackt
- 1 EL Petersilie, fein gehackt
- 1 TL Currypulver
- etwas Salz und Pfeffer

Zubereitung:

Avocado halbieren und entkernen. Fruchtfleisch aus der Schale lösen und mit einer Gabel zerdrücken. Mit Zitronensaft beträufeln.
Curry, Petersilie und Kresse unterrühren. Mit Salz und Pfeffer abschmecken.

***

Olivenpaste

Zutaten:

- 40 g grüne Oliven, entsteint
- 15 g Butter, weiche

Zubereitung:

Oliven fein hacken.
Butter cremig rühren, dann die Oliven hinzugeben.

Brokkoli-Brotaufstrich

Zutaten:

- 80 g Brokkoli
- 1 Ei, hartgekocht
- 10 grüne Oliven, entsteint
- 80 g Frischkäse
- 3 Stängel Petersilie, fein gehackt
- 1 Knoblauchzehe, 2 EL Kürbiskernöl
- 2 EL Zitronensaft, etwas Salz

Zubereitung:

Brokkoli putzen und in kleine Röschen schneiden. In leicht gesalzenem Wasser ca. 5 Minuten garen. Brokkoli abgießen und mit Ei, Oliven, Frischkäse, Knoblauch und Zitronensaft in eine Schüssel geben und mit einem Stabmixer pürieren. Petersilie unterrühren. Mit Salz abschmecken.

***

Grünkern-Brotaufstrich

Zutaten:

- 100 g geschroteter Grünkern
- 3 Zwiebeln
- 1 kleine Knoblauchzehe
- 2 EL Butter, 3 EL Majoran, 200 ml Gemüsebrühe, ½ TL Kräutersalz

Zubereitung:

Zwiebeln und Knoblauch fein hacken und in Gemüsebrühe aufkochen. Grünkern einrühren und ca. 15 Minuten auf niedriger Stufe aufquellen lassen, dabei zwischendurch umrühren.
Die weiteren Zutaten hinzugeben und mit einem Stabmixer cremig pürieren. Etwas Wasser hinzugeben, wenn die Konsistenz zu fest ist.

Kartoffelcreme-Brotaufstrich

Zutaten:

- 500 g Kartoffeln, mehlig kochend
- 1 große Zwiebel
- 2 TL feine Haferflocken
- 100 ml Schlagsahne, 200 ml saure Sahne
- ¼ Bund Schnittlauch, fein gehackt, etwas Salz und Pfeffer

Zubereitung:

Kartoffeln gründlich waschen und als Pellkartoffeln garen. Kurz abdampfen lassen, die Pelle abziehen. Durch eine Kartoffelpresse drücken und abkühlen lassen. Zwiebel fein würfeln und mit Kartoffeln und Haferflocken verrühren. Saure Sahne hinzugeben, dabei gleichmäßig rühren und so viel von der süßen Sahne hinzugeben, bis eine geschmeidige Konsistenz erreicht ist.
Mit Salz und Pfeffer abschmecken. Mit Schnittlauch bestreuen.

***

Kartoffelmöhren-Brotaufstrich

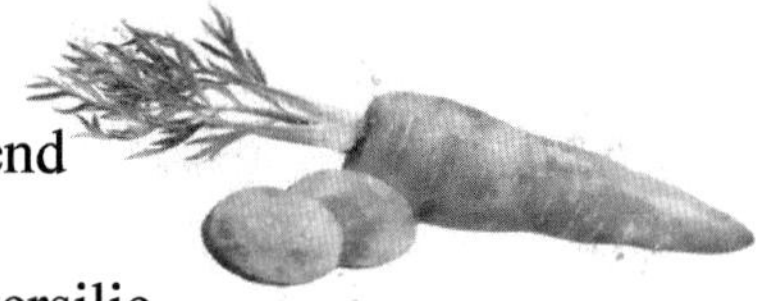

Zutaten:

- 250 g Kartoffeln, mehlig kochend
- 200 g Möhren
- 1 kleine Zwiebel, 3 Stängel Petersilie
- 1 EL Zitronensaft, 1 TL Olivenöl, etwas Salz

Zubereitung:

Kartoffeln schälen und in kleinere Stücke schneiden. Möhren putzen und ebenfalls klein schneiden. In leicht gesalzenem Wasser ca. 20 Minuten gar kochen. Abgießen und etwas abkühlen lassen.
Zwiebel fein würfeln und mit den weiteren Zutaten pürieren. Etwas Wasser hinzugeben, wenn die Konsistenz zu fest ist.

Tomaten-Tofu-Aufstrich

Zutaten:

- 200 g Tofupaste
- 1 kleine Zwiebel
- 1 Knoblauchzehe
- 1 EL feine Haferflocken
- 1 EL Olivenöl
- 3 EL Tomatenmark
- ¼ Bund Schnittlauch, fein gehackt
- etwas Zitronensaft, Zucker, Salz und Pfeffer

Zubereitung:

Zwiebel und Knoblauch fein würfeln. Mit den weiteren Zutaten in eine Schüssel geben und cremig rühren. Etwas Wasser hinzugeben, wenn die Konsistenz zu fest ist.

***

Schnittlauchquark

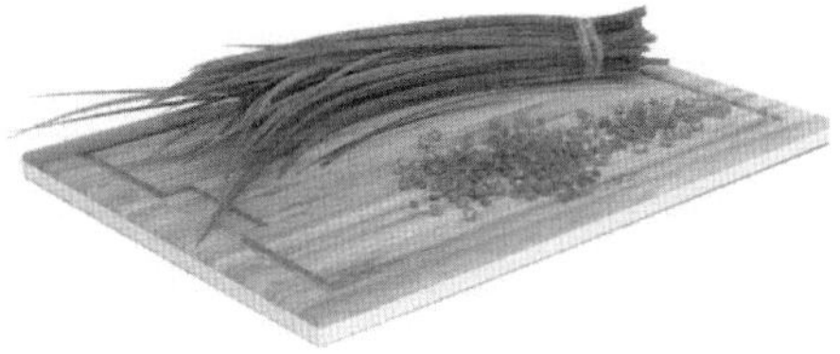

Zutaten:

- 100 g Magerquark
- 3 EL Wasser
- ½ Bund Schnittlauch
- etwas Salz und Pfeffer

Zubereitung:

Quark mit Wasser, Salz und Pfeffer cremig rühren. Schnittlauch fein hacken und mit Quark verrühren.

Smoothies - chronische Phase

Kokosmilch-Smoothie

Zutaten für 2 Portionen:

- 1 kleines Salatherz
- 2 Scheiben Ananas
- 200 ml Kokosmilch
- 100 ml Wasser

Zubereitung:

Salatblätter putzen und in grobe Stücke zupfen.
Ananas in kleinere Stücke schneiden.
Alles mit Kokosmilch in einen Smoothiemixer geben. So lange pürieren und so viel Wasser hinzugeben, bis die gewünschte Konsistenz erreicht ist.

***

Ingwertee-Smoothie

Zutaten für 2 Portionen:

- 2 Handvoll Spinat
- 1 Banane
- 300 ml Ingwertee, erkaltet

Zubereitung:

Spinatblätter putzen und in grobe Stücke zupfen. Banane in kleinere Stücke schneiden.
Alles mit etwas Ingwertee in einen Smoothiemixer geben. So lange pürieren und so viel Tee hinzugeben, bis die gewünschte Konsistenz erreicht ist.

Gurken-Smoothie

Zutaten für 2 Portionen:

- ½ Salatgurke
- 2 Handvoll Spinat
- 1 Apfel
- 300 ml Wasser

Zubereitung:

Spinatblätter putzen und in grobe Stücke zupfen.
Gurke längs halbieren, mit einem Löffel ausschaben und von den Kernen befreien, dann in grobe Stücke schneiden.
Apfel vierteln, entkernen und in grobe Stücke schneiden.
Alles mit etwas Wasser in einen Smoothiemixer geben. So lange pürieren und so viel Wasser hinzugeben, bis die gewünschte Konsistenz erreicht ist.

***

Fenchel-Smoothie

Zutaten für 2 Portionen:

- 5 große Kopfsalatblätter
- ½ Fenchel
- 1 Apfel
- 300 ml Fencheltee, erkaltet

Zubereitung:

Salatblätter putzen und in grobe Stücke zupfen.
Fenchel in grobe Stücke schneiden. Apfel vierteln, entkernen und in grobe Stücke schneiden. Alles mit etwas Fencheltee in einen Smoothiemixer geben. So lange pürieren und so viel Tee hinzugeben, bis die gewünschte Konsistenz erreicht ist.

Salatherz-Smoothie

Zutaten für 2 Portionen:

- 1 kleines Salatherz
- 1 Birne
- 1 kleine Zucchini
- 300 ml Wasser

Zubereitung:

Salatherz putzen und in kleinere Stücke zupfen.
Birne vierteln, entkernen und in kleinere Stücke schneiden.
Zucchini längs halbieren, mit einem Löffel ausschaben und von den Kernen befreien, dann in grobe Stücke schneiden.
Alles mit etwas Wasser in einen Smoothiemixer geben. So lange pürieren und so viel Wasser hinzugeben, bis die gewünschte Konsistenz erreicht ist.

***

Avocado-Smoothie

Zutaten für 2 Portionen:

- 2 Handvoll Spinat
- 1 Apfel
- 1 essreife Avocado
- 300 ml Wasser

Zubereitung:

Spinatblätter putzen und in grobe Stücke zupfen. Apfel vierteln, entkernen und in kleinere Stücke schneiden. Avocado halbieren, entkernen, schälen und etwas klein schneiden. Alles mit etwas Wasser in einen Smoothiemixer geben. So lange pürieren und so viel Wasser hinzugeben, bis die gewünschte Konsistenz erreicht ist.

Joghurt-Smoothie

Zutaten für 2 Portionen:

- 50 g Blattspinat
- 1 Banane
- 250 ml Naturjoghurt
- 100 ml Wasser

Zubereitung:

Spinatblätter putzen und in grobe Stücke zupfen. Banane in kleinere Stücke schneiden. Alle Zutaten mit etwas Wasser in einen Smoothiemixer geben. So lange pürieren und so viel Wasser hinzugeben, bis die gewünschte Konsistenz erreicht ist.

***

Kohlrabi-Smoothie

Zutaten für 2 Portionen:

- 1 Kohlrabi
- ½ Salatgurke
- 100 ml Kokosmilch
- 100 ml Wasser

Zubereitung:

Kohlrabi schälen und in kleinere Stücke schneiden. Gurke längs halbieren, mit einem Löffel ausschaben und von den Kernen befreien, dann in grobe Stücke schneiden.

Alle Zutaten mit etwas Wasser in einen Smoothiemixer geben. So lange pürieren und so viel Wasser hinzugeben, bis die gewünschte Konsistenz erreicht ist.

Zwischenmahlzeiten - chronische Phase

Spinattoast

Zutaten für 2 Personen:
- 2 Scheiben Vollkorntoast
- 200 g TK-Spinat
- 2 Eier
- 1 Stängel Petersilie, fein gehackt
- etwas Salz

Zubereitung:
Spinat auftauen, kurz erhitzen und mit Salz abschmecken. Eier in leicht gesalzenem Wasser pochieren, dann abtropfen lassen. Brotscheiben toasten und nacheinander mit Spinat und Eiern belegen. Mit Salz würzen und mit Petersilie bestreuen.

Baguettebrötchen mit Zucchini

Zutaten für 2 Personen:

- 2 Vollkorn-Baguettebrötchen
- 1 große Zucchini
- 4 Salatblätter
- 1 Handvoll Schnittlauch
- 6 Basilikumblätter
- 80 ml Crème fraîche
- 2 EL Olivenöl
- etwas Salz und Pfeffer

Zubereitung:

Zucchini längs halbieren, mit einem Löffel ausschaben und von den Kernen befreien, dann in dünne Scheiben schneiden.

Schnittlauch und Basilikum fein hacken und mit Öl, Salz und Pfeffer vermengen. Die Kräutermischung auf die Zucchinischeiben streichen, dann auf ein mit Backpapier belegtes Backblech geben. Im vorgeheizten Backofen ca. 4 Minuten beidseitig garen, dann abkühlen lassen.

Für das Dressing Crème fraîche mit Salz und Pfeffer verrühren. Baguettebrötchen toasten, in Hälften schneiden und abkühlen lassen. Nacheinander mit Salatblättern, Zucchini und Dressing belegen.

Gebackene Bohnen auf Toast

Zutaten für 1 Person:

- 100 g gebackene Bohnen in Tomatensoße
- 1 Scheibe Vollkornbrot
- ½ TL flüssige Suppenwürze
- 2 EL Edamer, gerieben
- etwas Schnittlauch, fein gehackt

Zubereitung:

Bohnen mit Edamer und Suppenwürze vermengen und erhitzen. Brotscheibe toasten und mit den noch warmen Bohnen belegen. Mit Schnittlauch bestreuen.

***

Warmes Knoblauchbrot

Zutaten für 4 Personen:

- 4 Vollkorn-Baguettebrötchen
- 250 g Frischkäse mit Kräutern
- 3 Knoblauchzehen
- 20 g Butter, weiche
- Öl zum Einfetten, etwas Salz und Pfeffer
- Alufolie

Zubereitung:

Knoblauch fein hacken und mit Frischkäse, Butter, Salz und Pfeffer verrühren. Baguettes in dünne Scheiben schneiden und beidseitig mit der Käsemasse bestreichen. Auf einer eingefetteten Alufolie als Baguette zusammensetzen.

Alufolie fest verschließen und im vorgeheizten Backofen ca. 15 Minuten bei 170 °C backen.

Lauchzwiebeln auf Toast

Zutaten für 4 Personen:
- 2 Lauchzwiebeln
- 4 Scheiben Vollkornbrot
- 100 g Emmentaler, gerieben
- 2 EL Crème fraîche
- 1 TL Senf
- 1 EL Zitronensaft
- 2 EL Öl
- etwas Salz und Pfeffer

Zubereitung:
Lauchzwiebeln putzen und in feine Ringe schneiden. In eine mit Öl erhitzte Pfanne geben und auf mittlerer Hitze ca. 10 Minuten braten. Zwischendurch wenden.
Crème fraîche, Käse, Senf und Zitronensaft einrühren. Mit Salz und Pfeffer abschmecken.

Brotscheiben toasten und mit Zwiebelmasse belegen. Auf ein mit Backpapier ausgelegtes Backblech setzen und im vorgeheizten Backofen ca. 20 Minuten backen.

Bohnen-Sandwich mit Frikadelle

Zutaten für 2 Personen:
- 2 Vollkornbrötchen
- 250 g gebackene Bohnen in Tomatensoße
- 2 Frikadellen

Zubereitung:
Brötchen längs halbieren. Frikadellen beidseitig anbraten, Bohnen erhitzen. Die unteren Brötchenhälften nacheinander mit Frikadellen und Bohnen belegen. Mit den oberen Brötchenhälften abdecken.

***

Das schnelle Sandwich

Zutaten für 1 Person:
- 2 Scheiben Vollkorntoast
- 1 Scheibe Gouda
- 1 Salatblatt
- 1 Scheibe gekochter Schinken
- etwas Mayonnaise und Petersilie

Zubereitung:
Brotscheiben toasten und mit Mayonnaise bestreichen. Eine Brotscheibe mit Salatblatt, Käse, Schinken und Petersilie belegen.
Mit der anderen Brotscheibe abdecken und diagonal durchschneiden.

Avocado-Toast

Zutaten für 4 Personen:

- 4 Scheiben Vollkorntoast
- 2 kleine Avocados
- 150 g Sahnequark
- 2 EL geriebener Käse
- 1,5 TL Senf
- 2 kleine Zwiebeln
- 2 Stängel Petersilie, fein gehackt
- Butter
- etwas Salz und Pfeffer

Zubereitung:

Zwiebeln fein hacken und in etwas erhitzter Butter anschwitzen.

Avocados halbieren, entkernen und schälen.
In feine Scheiben schneiden und mit Salz und Pfeffer würzen.
Brotscheiben toasten und mit Butter bestreichen.

Quark mit Senf und Zwiebeln vermengen. Mit Salz und Pfeffer abschmecken, dann die Avocadoscheiben damit bestreichen. Auf die Brotscheiben legen, Käse und Butterflöckchen darüber verteilen.

Im vorgeheizten Backofen ca. 12 Minuten bei 180 °C backen.
Mit Petersilie anrichten.

Zucchini-Baguettes

Zutaten für 4 Personen:

- 4 Vollkorn-Baguettebrötchen
- 1 große Zucchini
- 250 g Mozzarella
- 1 Zwiebel
- 2 TL Tomatenmark
- 6 Basilikumblätter
- Olivenöl
- etwas Salz und Pfeffer
- Alufolie

Zubereitung:

Zwiebel und Basilikum fein hacken.

Zucchini längs halbieren, mit einem Löffel ausschaben und von den Kernen befreien, dann in Scheiben schneiden. Mit der Zwiebel in einer mit Öl erhitzten Pfanne andünsten. Mit Salz und Pfeffer würzen.

Mozzarella in kleine Würfel schneiden.

Baguettes längs halbieren, sodass die beiden Hälften noch verbunden bleiben.

Zucchini, Mozzarella, Tomatenmark und Basilikum in die aufgeklappten Baguettes füllen. Zuklappen und einzeln in eingefettete Alufolie einrollen. Im vorgeheizten Backofen ca. 15 Minuten bei 190 °C backen.

Thunfisch-Sandwich

Zutaten für 4 Personen:

- 8 Scheiben Vollkorntoastbrot
- 4 Blätter Kopfsalat
- 200 g Thunfisch aus der Dose
- ½ Tomate
- 1 kleine Zwiebel
- ½ Staudensellerie
- 1 EL Mayonnaise
- 1 Handvoll Schnittlauch, fein gehackt
- Butter

Zubereitung:

Zwiebel halbieren und in feine Scheiben schneiden.

Sellerie putzen, waschen und fein hacken.

Tomate entkernen und in kleine Würfel schneiden.

Thunfisch abtropfen lassen und mit einer Gabel zerkleinern.
Mit Zwiebel, Sellerie, Tomate, Schnittlauch und Mayonnaise vermengen. Mit Salz und Pfeffer abschmecken.

Brotscheiben toasten und mit Butter bestreichen, dann 4 Scheiben mit Salatblättern und Thunfischmasse belegen. Mit den anderen Brotscheiben abdecken und diagonal durchschneiden.

Salami-Toast mit Ei

Zutaten für 1 Person:
- 2 Scheiben Vollkorntoast
- 1 Scheibe Gouda
- 1 großes Salatblatt
- 2 Scheiben Salami
- 1 Ei
- 2 Tomatenscheiben, entkernt
- etwas Petersilie, fein gehackt
- Butter

Zubereitung:
Brotscheiben toasten und mit Butter bestreichen.

Ei hart kochen und in dünne Scheiben schneiden.

Eine Brotscheibe mit Salatblatt, Gouda, Salami, Tomate und Petersilie belegen. Mit der anderen Brotscheibe abdecken und diagonal durchschneiden.

Hähnchenbrust-Sandwich

Zutaten für 1 Person:

- 2 Scheiben Vollkorntoast
- 100 g Hähnchenbrustfilet
- 1 Tomate, 1 großes Salatblatt
- Mayonnaise
- Butter, etwas Salz und Pfeffer

Zubereitung:

Hähnchenbrustfilet in schmale Streifen schneiden und in einer mit Butter erhitzten Pfanne braten. Tomate vierteln, entkernen und in Würfel schneiden.

Brotscheiben toasten und mit Mayonnaise bestreichen, mit Salatblatt, Hähnchenbrustfilet und Tomaten belegen. Petersilie darüber streuen. Mit der anderen Brotscheibe abdecken und diagonal durchschneiden.

***

Champignon-Baguette

Zutaten für 1 Person:

- 1 Vollkorn-Baguettebrötchen
- 1 Scheibe gekochter Schinken
- 1 großes Salatblatt, 1 Scheibe Gouda
- 2 Champignons, etwas Petersilie und Butter

Zubereitung:

Baguette längs halbieren, sodass die beiden Hälften noch verbunden bleiben. Champignons putzen und in Scheiben schneiden.

Baguette mit Butter bestreichen und die untere Hälfte mit Salatblatt, Gouda, Schinken, Champignons und Petersilie belegen.

Omelette mit Bohnen

Zutaten für 2 Personen:

- 300 g gebackene Bohnen in Tomatensoße
- 4 Eier
- 2 EL Wasser
- Butter
- etwas Salz und Pfeffer

Zubereitung:

Eier mit Wasser, Salz und Pfeffer verquirlen und portionsweise in einer mit Butter erhitzten Pfanne backen bis die Eimasse stockt. Als Omelette zusammenklappen. Bohnen erhitzen und mit den Omelettes servieren.

***

Erbsenbrei

Zutaten für 4 Personen:

- 380 g ungeschälte Trockenerbsen
- 1 Zwiebel
- ¾ Liter Wasser
- etwas Suppengrün, Salz und Pfeffer

Zubereitung:

Erbsen über Nacht in Wasser einweichen und am nächsten Tag im Einweichwasser aufkochen. Auf niedriger Stufe im zugedeckten Topf 2 – 3 Stunden köcheln.

Suppengrün und Zwiebel klein schneiden und nach ca. 1,5 Stunden zu den Erbsen geben.

Durch ein Sieb streichen, dann neu erhitzen und schaumig rühren. Mit Salz und Pfeffer abschmecken.

Mango-Aprikosen-Joghurt

Zutaten für 1 Person:

- 100 g frische Mango
- 4 Aprikosen
- 100 ml Naturjoghurt
- 1 TL geschrotete Weizenkleie
- 1 TL Reissirup

Zubereitung:

Mango und Aprikosen in kleinere Stücke schneiden und mit Joghurt, Reissirup und Weizenkleie verrühren.

***

Grapefruit-Apfelsinen-Joghurt

Zutaten für 1 Person:

- 1 Apfelsine
- ½ Grapefruit
- 150 ml Magermilchjoghurt
- 1 – 2 EL Honig

Zubereitung:

Apfelsine und Grapefruit in mundgerechte Stücke schneiden und mit Joghurt verrühren. Mit Honig abschmecken.

Bananen-Joghurt

Zutaten für 1 Person:
- 1 Banane
- 1 Becher Naturjoghurt
- 1 TL Mandelblätter

Zubereitung:
Banane in Scheiben schneiden und mit Mandelblättern in den Joghurt einrühren.

***

Joghurt mit Pflaumen

Zutaten für 1 Person:
- 60 g frische Pflaumen
- 1 Becher Naturjoghurt
- 1 EL Orangensaft

Zubereitung:
Pflaumen entkernen und in kleinere Stücke schneiden. Mit Orangensaft in den Joghurt einrühren.

Gekochte Papaya

Zutaten für 1 Person:

- ½ gereifte Papaya
- etwas Wasser

Zubereitung:

Papaya schälen, vierteln und entkernen. Fruchtfleisch in Würfel schneiden und mit etwas Wasser ca. 10 Minuten auf kleiner Stufe köcheln. Kann warm oder kalt verzehrt werden.

Aufläufe - chronische Phase

Kartoffel-Gratin mit Bärlauch

Zutaten für 4 Personen:

- 800 g Kartoffeln, fest kochend
- 100 ml Sahne
- 200 g Crème fraîche
- 100 g Bärlauch
- 100 g Emmentaler, gerieben
- 1 TL Senf
- 1 Knoblauchzehe
- Olivenöl
- etwas Majoran, Salz und Pfeffer

Zubereitung:

Kartoffeln schälen und in dünne Scheiben schneiden.

Bärlauch in kleine Stücke schneiden, mit Kartoffeln in eine Schüssel geben und mit Gewürzen vermengen.

Knoblauch fein hacken und mit Sahne, Crème fraîche, Senf und Gewürzen verquirlen und kurz erhitzen.

Kartoffel-Bärlauchmasse in eine eingefettete Auflaufform geben. Sahnesoße und Emmentaler darüber verteilen. Im vorgeheizten Backofen ca. 45 Minuten bei 180 °C backen.

Brokkoliauflauf mit Hirse

Zutaten für 3 Personen:

- 500 g Brokkoli
- 2 Möhren
- 500 ml Gemüsebrühe
- 180 g Hirseflocken
- 1 Zwiebel
- 2 EL Vollkornmehl
- 250 ml Sahne
- 2 Eier
- 100 g Emmentaler, gerieben
- Butter
- etwas Rosmarin und Pfeffer

Zubereitung:

Möhren in Würfel, Brokkoli in Röschen schneiden und unter Zugabe von Wasser ca. 15 Minuten gar kochen.

Zwiebel fein hacken und in erhitzter Butter anschwitzen. Hirseflocken einrühren, mit Gemüsebrühe ablöschen. Rosmarin und Pfeffer hinzugeben und ca. 5 Minuten köcheln.
Herdplatte abschalten und Hirse aufquellen lassen.

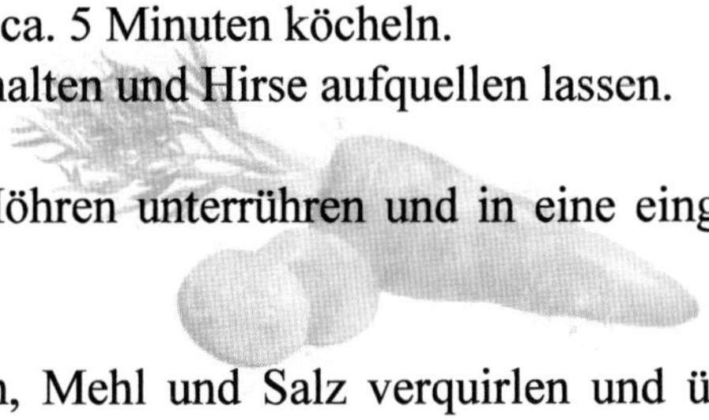

Brokkoli und Möhren unterrühren und in eine eingefettete Auflaufform geben.

Sahne mit Eiern, Mehl und Salz verquirlen und über dem Auflauf verteilen. Emmentaler und Butterflöckchen darüber geben.

Im vorgeheizten Backofen ca. 20 Minuten bei 200 °C backen.

Brokkoli-Käseauflauf

Zutaten für 4 Personen:

- 750 g Brokkoli
- 100 g Reis
- 125 ml Milch
- 100 g Emmentaler, gerieben
- 1 Zwiebel
- 4 Eier
- 2 Knoblauchzehen
- Butter
- etwas Muskat, Salz und Pfeffer

Zubereitung:

Reis in Wasser ca. 20 Minuten gar kochen. Brokkoli in kleine Röschen schneiden und in leicht gesalzenem Wasser bissfest kochen.

Zwiebel und Knoblauch fein würfeln und in einer mit Butter erhitzten Pfanne anschwitzen. Reis und Brokkoli abgießen und hinzugeben. Mit Gewürzen abschmecken und in eine eingefettete Auflaufform geben.

Eigelb mit Milch verquirlen und Emmentaler unterrühren. Eiweiß steif schlagen und unterziehen. Gleichmäßig auf dem Auflauf verteilen. Im vorgeheizten Backofen ca. 20 Minuten bei 80 °C backen.

Spinatauflauf

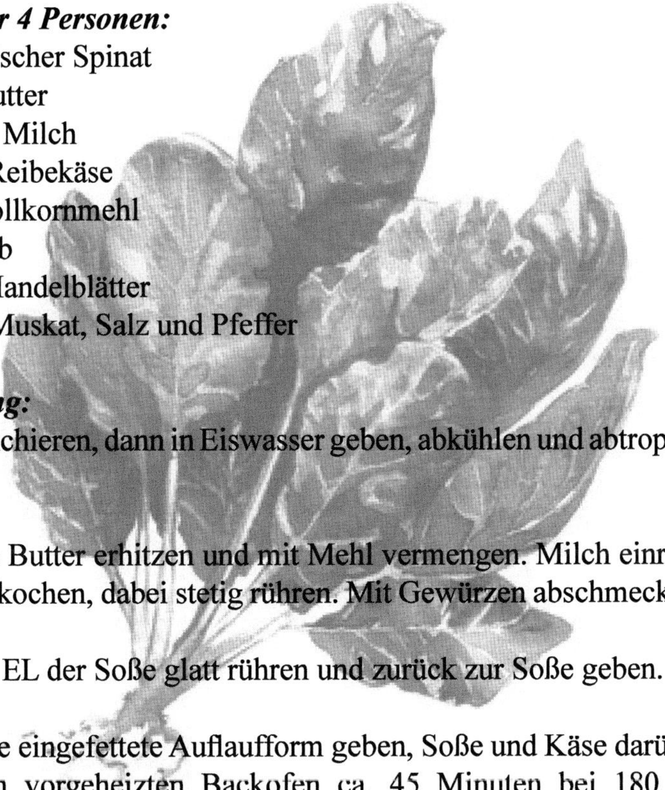

Zutaten für 4 Personen:

- 1 kg frischer Spinat
- 20 g Butter
- 250 ml Milch
- 100 g Reibekäse
- 20 g Vollkornmehl
- 1 Eigelb
- 2 EL Mandelblätter
- etwas Muskat, Salz und Pfeffer

Zubereitung:

Spinat blanchieren, dann in Eiswasser geben, abkühlen und abtropfen lassen.

Für die Soße Butter erhitzen und mit Mehl vermengen. Milch einrühren, kurz aufkochen, dabei stetig rühren. Mit Gewürzen abschmecken.

Eigelb mit 2 EL der Soße glatt rühren und zurück zur Soße geben.

Spinat in eine eingefettete Auflaufform geben, Soße und Käse darüber verteilen. Im vorgeheizten Backofen ca. 45 Minuten bei 180 °C backen. Mit Mandelblättern bestreuen.

Hähnchen-Spinat-Auflauf

Zutaten für 2 Personen:

- 200 g TK-Spinat
- 200 g gekochtes Hähnchenfleisch
- 8 EL Naturjoghurt
- 3 Möhren
- 3 Scheiben Schmelzkäse
- Olivenöl
- etwas Paprikapulver, Salz und Pfeffer

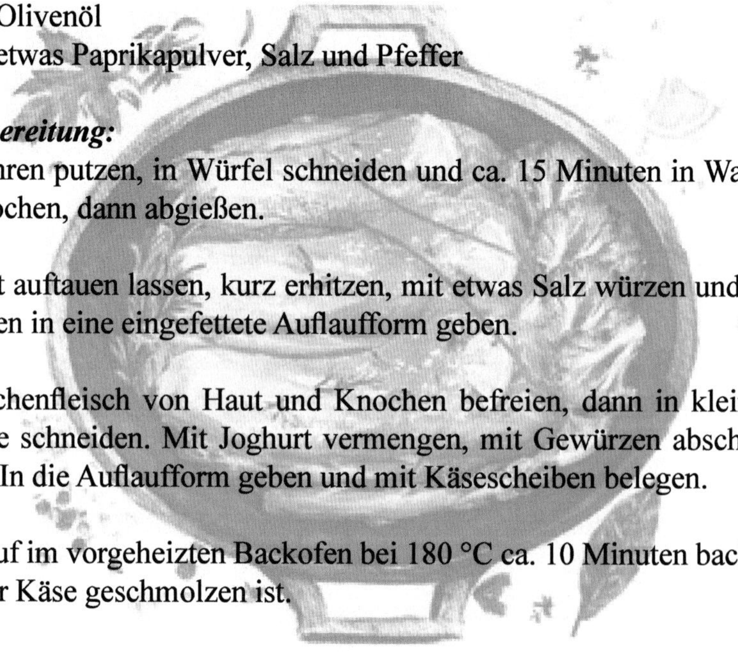

Zubereitung:

Möhren putzen, in Würfel schneiden und ca. 15 Minuten in Wasser gar kochen, dann abgießen.

Spinat auftauen lassen, kurz erhitzen, mit etwas Salz würzen und mit Möhren in eine eingefettete Auflaufform geben.

Hähnchenfleisch von Haut und Knochen befreien, dann in kleinere Stücke schneiden. Mit Joghurt vermengen, mit Gewürzen abschmecken. In die Auflaufform geben und mit Käsescheiben belegen.

Auflauf im vorgeheizten Backofen bei 180 °C ca. 10 Minuten backen, bis der Käse geschmolzen ist.

Käse-Spinat-Auflauf

Zutaten für 2 Personen:

- 250 g frischer Spinat
- 150 g Gorgonzolakäse
- 3 Zwiebeln
- 100 ml Sahne
- 30 g Butter, weiche
- Olivenöl
- 1 Handvoll Schnittlauch
- etwas Ingwerpulver, Salz und Pfeffer

Zubereitung:

Zwiebeln fein würfeln und in einer mit Olivenöl erhitzten Pfanne andünsten. Spinat hinzugeben, mit Salz und Pfeffer würzen.

Käse mit einer Gabel zerdrücken und mit Sahne und Butter verrühren. Mit Gewürzen abschmecken und kurz aufkochen.

Spinat in eine eingefettete Auflaufform geben, Soße darüber gießen. Im vorgeheizten Backofen ca. 20 Minuten bei 200 °C backen. Schnittlauch fein hacken und über den Auflauf streuen.

Rahmauflauf mit Kirschen

Zutaten für 4 Personen:

- 100 g Zwieback
- 250 ml saure Sahne
- 2 Eier
- 1 Glas Kirschen
- 50 g grobe Haferflocken
- 20 g Butter
- 125 ml Milch
- 3 EL Honig
- je 1 Prise Zimt und Salz

Zubereitung:

Zwieback mit Sahne und Milch übergießen.

Eier mit Butter, Honig, Zimt und Salz schaumig rühren und zur Zwiebackmasse geben.

Kirschen in eine eingefettete Auflaufform füllen, Haferflocken darüber verteilen. Mit Zwiebackmasse abdecken.
Im vorgeheizten Backofen ca. 20 Minuten bei 190 °C backen.

Pfirsichauflauf

Zutaten für 4 Personen:

- 6 Pfirsiche
- 4 EL Crème fraîche
- Butter
- 1 ½ TL Honig
- 1 EL Mandelblätter

Zubereitung:

Pfirsiche mit kochendem Wasser überbrühen, mit kaltem Wasser abschrecken und häuten.

Halbieren, entkernen und in mundgerechte Stücke schneiden. In eine mit Butter eingefettete Auflaufform geben.

Crème fraîche mit Honig verrühren und die Pfirsiche damit bestreichen. Mandeln darüber verteilen.

Im vorgeheizten Backofen ca. 25 Minuten bei 180 °C backen.

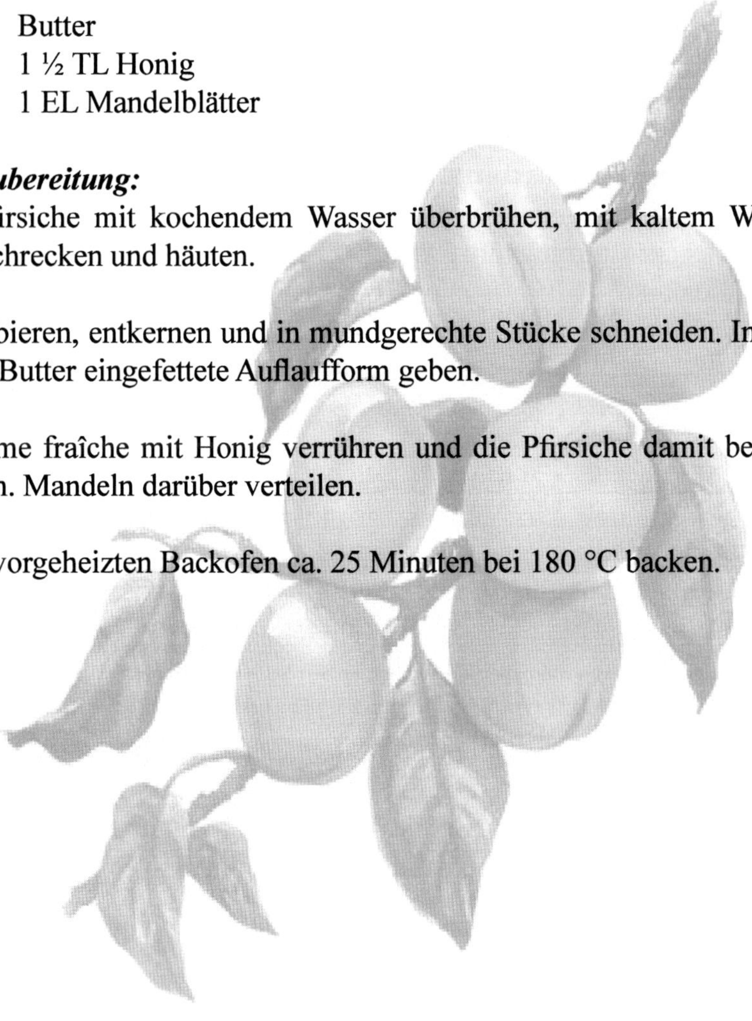

Gemüsevariationen - chronische Phase

Auberginenmus

Zutaten für 4 Personen:

- 500 g Auberginen
- 1 Zwiebel
- 3 Knoblauchzehen
- ½ Zitrone, Saft davon
- ½ Bund Petersilie
- 1 Becher Naturjoghurt
- 2 Tomaten
- 12 schwarze Oliven, entkernt
- 1 EL Olivenöl
- etwas Thymian, Salz und Pfeffer

Zubereitung:

Auberginen mit einer Gabel mehrfach einstechen. Im vorgeheizten Backofen bei 200 °C so lange backen, bis die Haut fast schwarz ist. Aus dem Backofen nehmen und etwas abkühlen lassen.
Das Fruchtfleisch mit einem Löffel entnehmen und mit Zitronensaft beträufeln.

Petersilie, Zwiebel und Knoblauch fein hacken und mit Auberginenmus vermengen. Joghurt und Olivenöl hinzugeben, mit Gewürzen abschmecken. Tomaten vierteln, entkernen und in Scheiben schneiden. Mit Auberginenmus und Oliven anrichten.

Das Auberginenmus schmeckt zu Fladenbrot, Nudeln oder Kartoffelpüree.

Blattspinat überbacken

Zutaten für 4 Personen:

- 1 kg frischer Spinat
- 50 g Speck
- 100 g Emmentaler, gerieben
- ½ TL Zucker
- Butter, etwas Salz und Pfeffer

Zubereitung:

Speck in kleine Würfel schneiden und in einer Pfanne kross braten. Spinat blanchieren und mit Zucker, Salz und Pfeffer würzen. Auf kleiner Stufe ca. 20 Minuten garen.
Spinat mit Speck vermengen und in eine mit Butter eingefettete Auflaufform geben. Mit Käse bestreuen und im vorgeheizten Backofen ca. 15 Minuten bei 180 °C backen bis der Käse zerläuft.

***

Flockenmöhren

Zutaten für 2 Personen:

- 4 große Möhren
- 10 EL grobe Haferflocken
- 2 TL Honig
- 4 EL Milch
- etwas Zitronensaft

Zubereitung:

Möhren putzen und auf einer Reibe raspeln. Mit Zitronensaft beträufeln, dann mit Milch, Haferflocken und Honig verrühren.
Schmeckt als Beilage oder Zwischenmahlzeit.

Gemüsepaella

Zutaten für 4 Personen:

- 600 ml Hühnerbrühe
- 300 g Erbsen, Möhren und grüne Bohnen, tiefgefroren
- 200 g Naturreis
- 100 g Brokkoli
- 1 Zwiebel
- 4 EL Wasser
- 3 Knoblauchzehen
- 1 TL Kurkuma
- 4 EL Wasser
- 2 TL Tomatenmark
- etwas Salz und Pfeffer

Zubereitung:

Reis in Brühe ca. 15 Minuten halbgar kochen. Überschüssige Brühe nicht abschütten.

Zwiebel und Knoblauch fein hacken und mit Erbsen, Möhren, Bohnen und Wasser in eine beschichtete Pfanne geben. Auf mittlerer Stufe ca. 10 Minuten garen. Dann Kurkuma, Tomatenmark, Salz und Pfeffer einrühren, kurz weiter köcheln.

Reis einrühren und ca. 15 Minuten auf niedriger Stufe köcheln.

Brokkoli in feine Röschen schneiden und in leicht gesalzenem Wasser bissfest garen. Zur Paella geben und kurz durchziehen lassen.

Gemischtes Auberginen-Gemüse

Zutaten für 4 Personen:

- 300 g Auberginen
- 200 g Möhren
- 2 Paprikaschoten
- 2 Zwiebeln
- 4 Knoblauchzehen
- Essig
- Olivenöl
- Salz

Zubereitung:

Auberginen in Scheiben schneiden und etwas salzen. In erhitztem Öl kurz anbraten, auf ein Sieb legen und abtropfen lassen.

Möhren und Zwiebeln in Würfel schneiden.

Paprikaschoten vierteln, entkernen und in kleine Stücke schneiden. Mit Möhren und Zwiebeln in Öl anbraten.

Knoblauch fein hacken.
Schichtweise Auberginenscheiben und die Gemüsewürfel in eine Schüssel geben. Jede Schicht mit etwas Knoblauch bestreuen.

Abschließend etwas Essig übergießen, ziehen lassen, dann den überschüssigen Saft abgießen und ca. 2 Stunden in den Kühlschrank stellen. Kalt servieren.

Wirsing als Beilage

Zutaten für 4 Personen:

- ½ Wirsing
- 1 Zwiebel, 1 Würfel Gemüsebrühe

Zubereitung:

Wirsing vom Strunk befreien und in schmale Streifen schneiden. Zwiebel in kleine Würfel schneiden. Brühewürfel in Wasser auflösen, Wirsing und Zwiebel hinzugeben. Bei Bedarf noch etwas Wasser auffüllen, dann ca. 12 Minuten garen, bis der Wirsing bissfest ist.

***

Überbackene Gemüsepfanne

Zutaten für 4 Personen:

- 500 g Kartoffeln
- 250 g Möhren
- 300 g Zucchini
- 250 g Brokkoli
- 1 kleine Zwiebel, 6 Käsescheibletten
- 100 ml Gemüsebrühe, Olivenöl
- etwas Salz und Pfeffer

Zubereitung:

Zucchini längs halbieren, mit einem Löffel die Kerne ausschaben, dann in dünne Scheiben schneiden. Kartoffeln und Möhren in Würfel, Brokkoli in Röschen schneiden und in leicht gesalzenem Wasser bissfest kochen. Zwiebel fein hacken und mit dem vorbereiteten Gemüse in eine mit Öl erhitzte Pfanne geben und anbraten, mit Gemüsebrühe ablöschen.

Mit Salz und Pfeffer würzen, mit Käsescheibletten belegen und so lange garen, bis der Käse geschmolzen ist.

Grüner Spargel mit Käsesoße

Zutaten für 4 Personen:

- 750 g grüner Spargel
- 40 g Mehl
- 250 ml Salzwasser
- 125 ml Sahne
- 1 Ecke Kräuterkäse
- 1 Eigelb
- 1 TL Butter
- 30 g Butter
- 1 TL Zucker

Zubereitung:

Spargel am unteren Drittel der Stangen schälen und mit Zucker und 1 TL Butter ca. 20 Minuten im Wasser garen. Dann abgießen und etwas Spargelbrühe auffangen.

Aus der restlichen Butter und Mehl eine helle Schwitze bereiten. Mit Spargelbrühe und Sahne ablöschen und mit Eigelb legieren. Käse einrühren und mit Spargel anrichten.

Spinat mit Champignons

Zutaten für 2 Personen:

- 250 g TK-Spinat,
- 150 g frische Champignons
- 6 EL Naturjoghurt
- 2 EL Tomatenmark
- 100 ml Gemüsebrühe
- ½ TL Sojasoße
- etwas Salz

Zubereitung:

Spinat auftauchen, erhitzen und mit Salz abschmecken.

Champignons putzen, in Scheiben schneiden und kurz in der Gemüsebrühe garen.

Für die Soße Joghurt mit Tomatenmark, Sojasoße und Salz verrühren.

Spinat mit Champignons und Soße anrichten.

Überbackenes Gemüse

Zutaten für 4 Personen:

- 750 g gemischtes Gemüse (z. B. Fenchel, Blumenkohl, Brokkoli, Porree)
- 30 g Butter
- 40 g Mehl
- 1 Tasse Wasser
- 200 g Emmentaler, gerieben
- 250 ml Milch
- 1 TL Senf
- Butter zum Einfetten
- etwas Salz, Pfeffer, Paprika, Muskat und Zucker

Zubereitung:

Gemüse putzen und in kleine Stücke schneiden. In Salzwasser ca. 15 Minuten garen.

Aus Butter und Mehl eine helle Schwitze zubereiten. Mit Gemüsewasser und Milch ablöschen. Mit Senf und Gewürzen verfeinern. Käse einrühren.

Gemüse in eine eingefettete Auflaufform geben und mit Soße übergießen. Im vorgeheizten Backofen ca. 30 Minuten bei 200 °C backen.

Spargelsalat

Zutaten für 4 Personen:
- 4 Salatblätter
- 100 g gekochter Schinken am Stück
- 200 g frischer Spargel
- 2 Scheiben Ananas aus der Dose
- 120 ml Sahne
- 1 TL Butter
- 1 TL Zucker
- etwas Zitronensaft, Tomatenmark, Salz und Pfeffer

Zubereitung:
Spargel am unteren Drittel der Stangen schälen und mit Zucker und Butter ca. 20 Minuten im Wasser garen. Dann abgießen und abkühlen lassen.

Salatblätter auf Teller legen und mit Zitronensaft beträufeln.

Schinken fein würfeln, Ananas und Spargel in kleinere Stücke schneiden und auf den Salatblättern anrichten.

Für das Dressing Sahne mit Tomatenmark, Salz und Pfeffer verquirlen und über den Salat geben.

Im Kühlschrank mindestens 30 Minuten ziehen lassen.

Nudeln mit Spargel und Zucchini

Zutaten für 4 Personen:

- 2 Zucchini
- 300 g frischer Spargel
- 300 g Vollkornnudeln
- 120 ml Sahne
- 4 EL Olivenöl
- 2 Knoblauchzehen
- etwas Salz und Pfeffer

Zubereitung:

Nudeln entsprechend der Packungsbeschreibung bissfest garen. Abgießen und in 2 EL Olivenöl schwenken.

Knoblauch fein hacken und in einer mit 2 EL Olivenöl erhitzten Pfanne anschwitzen.

Spargel schälen und in fingerlange Stücke schneiden.

Zucchini längs halbieren, mit einem Löffel ausschaben und in dünne Scheiben schneiden.

Mit Spargel in die Pfanne geben und bissfest garen. Dann die Sahne angießen und aufkochen, bis die Sahne eindickt. Mit Salz und Pfeffer abschmecken und mit den Nudeln anrichten.

Brokkoli mit Mandeln

Zutaten für 4 Personen:
- 750 g Brokkoli
- 5 EL Mandelblätter
- 2 EL Butter
- etwas Salz

Zubereitung:
Brokkoli in Röschen schneiden und in leicht gesalzenem Wasser ca. 12 Minuten bissfest kochen.
Mandelblätter in einer mit Butter erhitzten Pfanne goldgelb rösten und mit Brokkoli anrichten.

***

Konjacnudeln mit Brokkoli

Zutaten für 2 Personen:
- 200 g Konjacnudeln
- 250 g Brokkoli
- 1 kleine Zwiebel
- 1 EL Schnittlauch, fein gehackt, etwas Crème fraîche
- Kokosöl, etwas Salz und Pfeffer

Zubereitung:
Nudeln mit warmem Wasser abspülen, dann 5 – 10 Minuten in leicht gesalzenem Wasser garen.
Zwiebel fein hacken und in erhitztem Öl anschwitzen. Brokkoli in Röschen schneiden und 10 Minuten in Wasser bissfest kochen. Abgießen und zur Zwiebel geben. Nudeln ebenfalls abgießen und unterrühren. Mit Crème fraîche, Gewürzen und Schnittlauch abschmecken.

Kürbisgemüse

Zutaten für 4 Personen:
- 800 g Kürbis
- 2 Zwiebeln
- 2 EL Olivenöl
- 100 ml Gemüsebrühe
- 1 EL Crème fraîche
- ½ Zitrone, Saft davon,
- 1 TL gemahlener Ingwer
- etwas Salz und Pfeffer

Zubereitung:
Kürbis schälen, entkernen, von Fasern befreien und in Würfel schneiden. Zwiebeln fein hacken und mit Kürbis in erhitztem Öl anschwitzen.

Mit Brühe ablöschen und auf niedriger Stufe ca. 10 Minuten garen. Sobald der Kürbis weich ist, Crème fraîche und Zitronensaft einrühren.

Mit Ingwer, Salz und Pfeffer abschmecken.
Schmeckt gut zu Kartoffeln und Reis.

Dicke Bohnen

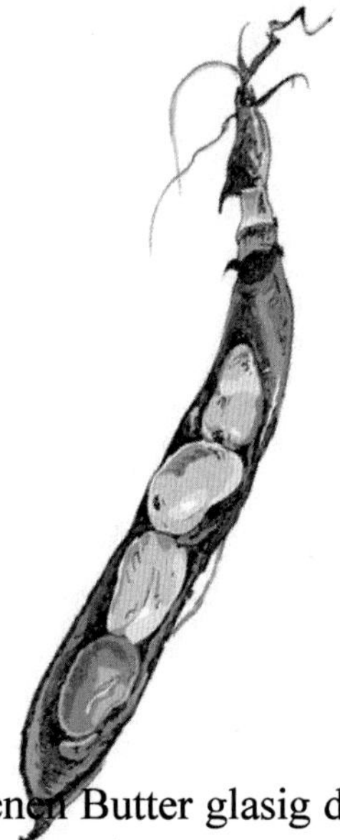

Zutaten für 4 Personen:

- 500 g frische dicke Bohnen
- 2 große Zwiebeln
- 1 Becher Naturjoghurt
- 125 g Crème fraîche
- 1 TL Senf
- 2 EL Butter
- etwas Salz und Pfeffer

Zubereitung:

Bohnen in Wasser gar kochen.

Zwiebeln fein hacken und in der zerlassenen Butter glasig dünsten. Bohnen abgießen und hinzugeben, weitere 10 Minuten garen. Crème fraîche und Joghurt einrühren, mit Senf, Salz und Pfeffer verfeinern.

Kohlrabigemüse mit Sahnesoße

Zutaten für 4 Personen:
- 500 g Kohlrabi
- 80 ml Gemüsebrühe
- 120 ml Sahne
- 1 EL Butter
- etwas Zitronensaft, Salz und Pfeffer

Zubereitung:
Kohlrabi schälen, vierteln und in dünne Scheiben schneiden. Butter in einer Pfanne erhitzen und Kohlrabi darin andünsten.
Sahne und Gemüsebrühe einrühren. Kohlrabi auf mittlerer Temperatur weich kochen. Mit Zitronensaft, Salz und Pfeffer abschmecken.

***

Gemüsepuffer

Zutaten für 2 Personen:
- 6 große Kartoffeln
- 3 Möhren
- 1 Zwiebel
- 3 Eier
- 60 g Vollkornmehl
- Olivenöl, etwas Salz und Pfeffer

Zubereitung:
Kartoffeln schälen und auf einer Reibe fein raspeln. Möhren und Zwiebel fein hacken. Alles mit Mehl, Eiern und Gewürzen vermengen und portionsweise in einer mit Öl erhitzten Pfanne beidseitig goldbraun braten.

Tortilla mit Gemüse

Zutaten für 4 Personen:

- 400 g Kartoffeln
- 2 Paprikaschoten
- 2 Frühlingszwiebeln
- 8 grüne Oliven, entkernt
- 4 Eier
- 100 ml Milch
- Olivenöl
- etwas Salz und Pfeffer

Zubereitung:

Kartoffeln schälen, in Scheiben schneiden und in etwas gesalzenem Wasser fast gar kochen.

Paprikaschoten vierteln, entkernen und in kleine Würfel schneiden.

Frühlingszwiebeln putzen und in feine Ringe schneiden. Oliven fein hacken und mit Eiern, Milch, Salz und Pfeffer verquirlen.
Öl in einer Pfanne erhitzen, Kartoffeln, Frühlingszwiebeln und Paprikaschoten hinzugeben. Mit Eiermasse aufgießen, mit Salz und Pfeffer abschmecken. Zudecken und auf niedriger Stufe ca. 15 Minuten garen.

Ein großes Brett auf die Pfanne legen, das Ganze umkippen, sodass die Tortilla auf dem Brett liegt.
Die Pfanne neu einfetten, dann die Tortilla zurück in die Pfanne gleiten lassen, sodass die andere Seite gart. Nach 15 Minuten Garzeit ist die Tortilla fertig. Die Tortilla wie eine Torte schneiden. Kann warm oder kalt verzehrt werden.

Grünkohl

Zutaten für 4 Personen:

- 800 g Grünkohl
- 1 Zwiebel
- 2 Knoblauchzehen
- 2 Eier
- 120 ml Wasser
- 2 EL Butter
- etwas Salz und Pfeffer

Zubereitung:

Grünkohl putzen, von den Stielen befreien und in Streifen schneiden. Zwiebel und Knoblauch fein hacken und in 1 EL Butter anschwitzen. Wasser, Grünkohl, Salz und Pfeffer hinzugeben und kurz aufkochen. Dann zugedeckt bei niedriger Temperatur ca. 10 Minuten garen. Die restliche Butter hinzugeben. Eier hart kochen, vierteln und mit Grünkohl anrichten.

Schmeckt gut zu Kartoffelpüree, Salz- oder Pellkartoffeln.

Rosenkohl überbacken

Zutaten für 2 Personen:

- 250 g frischer Rosenkohl
- 100 g gekochter Schinken am Stück
- 100 g Emmentaler, gerieben
- ½ Becher Sahne
- Olivenöl
- etwas Muskat, Salz und Pfeffer

Zubereitung:

Rosenkohl putzen und halbieren. In gesalzenem Wasser bissfest kochen. Schinken in feine Würfel schneiden und mit Sahne, Käse und Gewürzen verquirlen.

Rosenkohl in eine eingefettete Auflaufform geben. Soße darüber verteilen und im vorgeheizten Backofen ca. 10 Minuten bei 190 °C backen.

Kartoffelvariationen - chronische Phase

Kartoffel-Röschen

Zutaten für 2 Personen:

- 500 g Kartoffeln, mehlig kochend
- 1 Ei
- 3 EL Crème fraîche
- 2 EL Parmesan, gerieben
- etwas Muskat, Paprikapulver und Salz

Zubereitung:

Kartoffeln schälen, in kleinere Stücke scheiden und in Salzwasser gar kochen.

Wasser abgießen, Kartoffeln durch eine Presse drücken, etwas erkalten lassen.

Ei mit Crème fraîche verquirlen, dann mit der Kartoffelmasse vermengen. Mit Gewürzen abschmecken.

Masse in einen Spritzbeutel füllen und kleine Röschen auf ein mit Backpapier ausgelegtes Backblech setzen. Mit Parmesan bestreuen.

Im vorgeheizten Backofen ca. 15 Minuten bei 200 °C backen.

Fettarme Pommes

Zutaten für 2 Personen:

- 6 große Kartoffeln
- Sonnenblumenöl
- Salz
- Paprikapulver

Zubereitung:

Kartoffeln schälen und in fingerlange Stücke schneiden. Reichlich würzen und mit etwas Öl beträufeln.
Auf ein mit Backpapier ausgelegtes Backblech geben und im vorgeheizten Backofen ca. 25 Minuten bei190 °C backen.

***

Kartoffel-Spiralen

Zutaten für 2 Personen:

- 4 große Kartoffeln
- 2 EL Sonnenblumenöl
- ½ TL Pommes-Gewürzsalz
- 1 Spritzer Apfelessig

Zubereitung:

Kartoffeln schälen und mit einem Spiralschneider zu Spiralen schneiden. Öl mit Apfelessig und Gewürzsalz verrühren, die Spiralen darin schwenken.
Spiralen auf ein mit Backpapier ausgelegtes Backblech geben, im vorgeheizten Backofen ca. 20 Minuten bei 200 °C backen.

Kartoffelklöße

Zutaten für 6 Personen:

- 1 kg gekochte Pellkartoffeln vom Vortag
- 250 g Vollkornmehl
- 1 Ei
- etwas Salz

Zubereitung:

Kartoffeln pellen, dann auf einer Reibe fein reiben und mit Ei, Mehl und Salz zu einem festen Teig verarbeiten. Wenn der Teig noch an den Händen klebt, mehr Mehl hinzugeben.
Aus dem Teig Rollen mit einem Durchmesser von ca. 5 cm formen. Hiervon dicke Scheiben abschneiden und diese zu kleinen Kugeln formen.
Klöße in kochendes Salzwasser geben und ca. 15 Minuten darin garen.

***

Kartoffelchips

Zutaten für 2 Personen:

- 4 große Kartoffeln
- etwas Paprikapulver, Salz und Pfeffer

Zubereitung:

Kartoffeln schälen, in sehr feine Scheiben schneiden und 1 Stunde ins Gefrierfach legen. Kartoffelscheiben kurz in eine Fritteuse geben, dann auf einem Küchenpapier abtropfen lassen. Danach nochmals in die Fritteuse geben und so lange frittieren bis die Chips goldbraun sind. Mit Paprikapulver, Salz und Pfeffer würzen.

Blumenkohl-Kartoffel-Curry

Zutaten für 2 Personen:

- 4 große Kartoffeln
- 2 Möhren
- 250 g Blumenkohlröschen
- 1 große Zwiebel
- 125 ml Joghurt
- 120 ml Gemüsebrühe
- Butter
- etwas Currypulver, Salz und Pfeffer

Zubereitung:

Kartoffeln schälen und in kleine Stücke schneiden.

Möhren putzen und in Scheiben schneiden.

Zwiebel würfeln und in zerlassener Butter anschwitzen.

Kartoffeln, Möhren und Blumenkohl hinzugeben, mit Gemüsebrühe ablöschen.

Auf niedriger Stufe ca. 20 Minuten köcheln lassen.

Mit Gewürzen abschmecken und mit Joghurt anrichten.

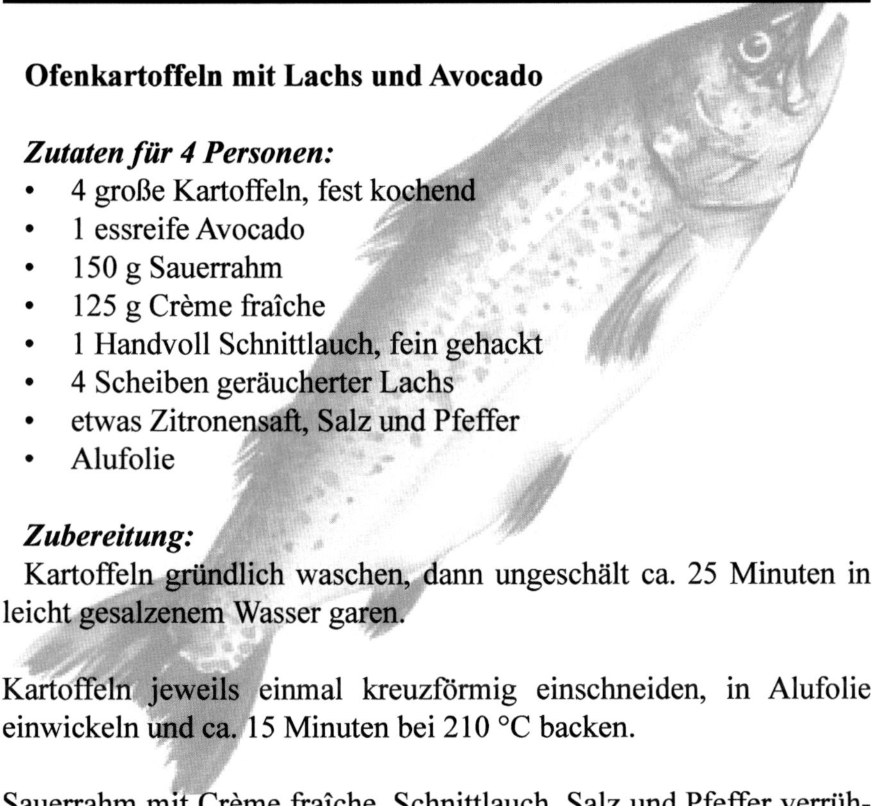

Ofenkartoffeln mit Lachs und Avocado

Zutaten für 4 Personen:

- 4 große Kartoffeln, fest kochend
- 1 essreife Avocado
- 150 g Sauerrahm
- 125 g Crème fraîche
- 1 Handvoll Schnittlauch, fein gehackt
- 4 Scheiben geräucherter Lachs
- etwas Zitronensaft, Salz und Pfeffer
- Alufolie

Zubereitung:

Kartoffeln gründlich waschen, dann ungeschält ca. 25 Minuten in leicht gesalzenem Wasser garen.

Kartoffeln jeweils einmal kreuzförmig einschneiden, in Alufolie einwickeln und ca. 15 Minuten bei 210 °C backen.

Sauerrahm mit Crème fraîche, Schnittlauch, Salz und Pfeffer verrühren.

Lachs in kleine Stückchen schneiden.

Avocado halbieren und entkernen. Fruchtfleisch in kleine Würfel schneiden und mit Zitronensaft beträufeln. Mit Lachs unter die Sauerrahmcreme ziehen.

Kartoffeln aus dem Backofen nehmen, längsseitig etwas auseinanderdrücken und mit Sauerrahmcreme befüllen.

Walnuss-Kartoffelpüree

Zutaten für 2 Personen:

- 200 g Kartoffeln, mehlig kochend
- 60 ml Milch
- 1 EL Butter
- 2 EL geriebene Walnüsse
- etwas Anis, Zimt und Salz

Zubereitung:

Kartoffeln als Pellkartoffeln ca. 20 Minuten in leicht gesalzenem Wasser gar kochen. Pellen und durch eine Kartoffelpresse drücken. Milch erhitzen und Butter hinzugeben. Kartoffelmasse, Walnüsse und Gewürze einrühren. Wenn das Püree zu trocken ist, noch etwas Milch hinzugeben.

***

Kartoffelpuffer

Zutaten für 4 Personen:

- 800 g Kartoffeln
- 1 Ei
- ½ TL Salz
- Olivenöl

Zubereitung:

Kartoffeln schälen und auf einer Reibe raspeln. Salz unterrühren und ca. 30 Minuten ziehen lassen. Mit den Händen auspressen und das Ei unterrühren.

Portionsweise in eine mit Öl erhitzte Pfanne geben, platt drücken und beidseitig goldgelb braten.

Überbackene Basilikumkartoffeln

Zutaten für 4 Personen:

- 800 g Kartoffeln
- 100 g Emmentaler, gerieben
- 6 EL Sonnenblumenöl
- 3 große Knoblauchzehen
- 1 Bund Basilikum
- etwas Salz und Pfeffer

Zubereitung:

Kartoffeln gründlich waschen, dann längs halbieren. Mit der Schnittfläche nach unten in eine eingefettete flache Auflaufform legen.

Im vorgeheizten Backofen ca. 15 Minuten bei 200 °C backen.

Basilikum fein hacken und mit Emmentaler und Öl vermengen, sodass eine zähe Masse entsteht. Mit Salz und Pfeffer abschmecken.

Knoblauch in dünne Scheiben schneiden, davon jeweils zwei auf die Schnittflächen der Kartoffeln legen, dann die Basilikumcreme darauf verteilen.

Kartoffeln mit der Schnittfläche nach oben in die eingefettete Auflaufform geben. Im vorgeheizten Backofen ca. 10 Minuten bei 200 °C backen.

Gegrillte Kartoffeln mit Gemüse

Zutaten für 4 Personen:

- 4 Kartoffeln
- 1 Zucchini
- 1 Aubergine
- 1 rote Paprikaschote
- 1 Zwiebel
- 2 Knoblauchzehen
- 80 ml Olivenöl
- etwas Salz und Pfeffer

Zubereitung:

Kartoffeln schälen und würfeln. Paprikaschote vierteln, entkernen und in Streifen schneiden.

Zucchini längs halbieren, mit einem Löffel ausschaben und in Scheiben schneiden. Aubergine und Zwiebel in ca. 0,5 cm dicke Scheiben schneiden.

Knoblauch fein hacken und mit Olivenöl und Salz verrühren. Mit Gemüse vermengen und ca. 2 Stunden ziehen lassen. Zwischendurch umrühren.

In eine eingefettete Grillschale geben und knusprig grillen, zwischendurch wenden.

Süßkartoffel-Gnocchi

Zutaten für 2 Personen:
- 500 g Süßkartoffeln
- 20 g Kartoffelstärke
- 60 g Maismehl
- 1 EL Butter
- etwas Muskat, Salz und Pfeffer

Zubereitung:
Süßkartoffeln schälen, in kleinere Stücke schneiden und in Wasser garen.

Abgießen, dann mit Butter, Mehl und Stärke zu einem Teig verarbeiten. Mit Gewürzen abschmecken.

Eine dünne Rolle formen und mit einer Gabel einzelne Stückchen von der Rolle abtrennen.

Einen großen Topf Wasser aufkochen, dann die Temperatur reduzieren.

Wenn das Wasser nicht mehr sprudelt, die Gnocchi langsam in das Wasser geben und ca. 3 Minuten ziehen lassen.

Sobald die Gnocchi an der Oberfläche schwimmen, mit einer Schaumkelle aus dem Wasser nehmen.

Kartoffelspieße mit Käsesoße

Zutaten für 2 Personen:

- 4 Kartoffeln
- 2 Stücke Käse je 100 g, z. B. Emmentaler, Bergkäse
- 2 Knoblauchzehen, 50 ml Gemüsebrühe
- etwas Olivenöl, Salz und Pfeffer, 2 Spieße

Zubereitung:

Kartoffeln gründlich waschen, abtrocknen und in Scheiben schneiden. Auf die Spieße stecken, mit Öl und Salz einreiben, ca. 30 Minuten auf den Grill legen, zwischendurch wenden.
Knoblauch durch eine Presse drücken, Käsestücke in Würfel schneiden und in einer Grillpfanne oder alternativ im Kochtopf auf dem Herd zum Schmelzen bringen. Mit Gemüsebrühe aufgießen, mit Salz und Pfeffer abschmecken. Auf niedriger Stufe weiter köcheln lassen bis die Käsesoße cremig ist.

***

Fettarme Bratkartoffeln

Zutaten für 2 Personen:

- 500 g Kartoffeln, fest kochend
- 100 g Speckaufschnitt
- etwas geriebener Hartkäse

Zubereitung:

Kartoffeln gründlich waschen, dann in ca. 0,5 cm dicke Scheiben schneiden. Auf ein mit Backpapier ausgelegtes Backblech geben. Im vorgeheizten Backofen ca. 20 Minuten bei 200 °C backen bis die Kartoffeln goldbraun sind. Speckaufschnitt in Streifen schneiden und mit dem Käse über die Kartoffeln geben, dann weitere 5 Minuten backen.

Gebackene Rosmarinkartoffeln

Zutaten für 2 Personen:

- 400 g Kartoffeln
- 1 Knoblauchzehe
- 1 EL Olivenöl
- 1 EL getrockneter Rosmarin
- etwas Salz und Pfeffer

Zubereitung:

Kartoffeln gründlich waschen, abtrocknen und längsseitig durchschneiden.

Knoblauch fein hacken und mit Kartoffeln, Rosmarin, Olivenöl, Salz und Pfeffer in einer Schüssel gut vermengen.

Auf ein mit Backpapier ausgelegtes Backblech geben und im vorgeheizten Backofen 20 Minuten bei 190 °C backen.

Fisch - chronische Phase

Spaghetti mit Fischfilet

Zutaten für 2 Personen:

- 150 g Vollkornspaghetti
- 50 g Brokkoli
- 300 g tiefgefrorenes Fischfilet mit Pilzsoße
- 1 EL Petersilie, fein gehackt
- etwas Salz

Zubereitung:

Fischfilet entsprechend der Packungsbeschreibung zubereiten. Dann mit einer Gabel zerteilen.

Spaghetti ca. 12 Minuten in leicht gesalzenem Wasser al dente kochen.

Brokkoli in Röschen schneiden und ca. 10 Minuten in Wasser garen. Dann abgießen und mit dem Fischfilet vermengen.

Mit Spaghetti und Petersilie anrichten.

Konjacnudeln mit Meeresfrüchten

Zutaten für 2 – 3 Personen:

- 150 g Konjacnudeln
- 400 g Meeresfrüchte, tiefgefroren
- 1 Frühlingszwiebel
- 1 Tomate
- 80 ml Olivenöl
- 2 Knoblauchzehen, fein gehackt
- 120 ml Gemüsebrühe
- etwas Salz und Pfeffer

Zubereitung:

Meeresfrüchte auftauen lassen, dann mit Olivenöl und Knoblauch vermengen. Eine Stunde im Kühlschrank ziehen lassen, dann in einen mit 2 EL Öl erhitzten Wok geben und kurz anbraten. Mit Gemüsebrühe ablöschen.

Tomate vierteln, entkernen und würfeln. Frühlingszwiebel putzen und in feine Ringe schneiden.

Nudeln mit warmem Wasser abspülen, dann 5 – 10 Minuten gar kochen.

Nudeln abgießen und mit der Frühlingszwiebel in den Wok geben und verrühren. Mit Salz und Pfeffer würzen, mit Tomatenwürfeln anrichten.

Fischfilet

Zutaten für 2 Personen:

- 2 Fischfilets (z. B. Rotbarsch, Schwertfisch)
- 1 Zwiebel
- 4 Oliven, entkernt
- 1 Knoblauchzehe
- Olivenöl, 1 Stängel Petersilie
- etwas Salz und Pfeffer, Alufolie

Zubereitung:

Fischfilets auf eine eingefettete Alufolie legen. Mit Salz und Pfeffer würzen. Zwiebel, Knoblauch, Oliven und Petersilie fein hacken und über dem Fisch verteilen. Mit Olivenöl beträufeln.
Alufolie verschließen und ca. 30 Minuten im vorgeheizten Backofen bei 180 °C backen. Schmeckt gut zu Pellkartoffeln oder einem (Gemüse-) Salat.

***

Fischcreme

Zutaten:

- 100 g gekochter Kabeljau
- 1 EL Kräutermayonnaise
- 2 EL gekochte Erbsen
- 1 EL feine Haferflocken, etwas Salz und Pfeffer

Zubereitung:

Kabeljau mit einer Gabel zerteilen und mit Erbsen, Mayonnaise und Haferflocken vermengen. Mit Salz und Pfeffer abschmecken.

Schmeckt zu getoastetem Vollkornbrot oder Pellkartoffeln.

Forelle im Backofen

Zutaten für 2 Personen:

- 2 küchenfertige Forellen
- 2 Tomaten
- 2 Knoblauchzehen
- 3 Stängel Petersilie
- 2 TL Olivenöl
- etwas Salz, 2 Stck. Alufolie

Zubereitung:

Knoblauch und Petersilie fein hacken.
Knoblauch mit Olivenöl und Salz vermengen und die Forellen damit füllen. Tomaten vierteln, entkernen und in Scheiben schneiden.

Forellen auf eingefettete Alufolie legen, Tomaten und Petersilie darauf verteilen.

Fest verschließen und im vorgeheizten Backofen 25 Minuten bei 190 °C garen.

Schmeckt gut mit Pellkartoffeln oder Salat.

Thunfisch mit Kartoffeln

Zutaten für 2 Personen:

- 2 Thunfischfilets
- 400 g Kartoffeln
- 2 EL Zitronensaft, 3 EL Olivenöl
- etwas Paprikapulver, Salz und Pfeffer

Zubereitung:

Kartoffeln schälen und vierteln. In Salzwasser 10 Minuten kochen. Thunfischfilets kalt abspülen, trocken tupfen und mit Zitronensaft, Salz und Pfeffer einreiben. Olivenöl mit Gewürzen vermengen. Kartoffeln abgießen, im Öl wenden und auf einem mit Backpapier ausgelegten Backblech verteilen. Die Thunfischfilets dazulegen und im vorgeheizten Backofen ca. 12 Minuten bei 200 °C garen.

***

Lachs mit Spinat und Mozzarella

Zutaten für 2 Personen:

- 2 TK-Lachsfilets
- 300 g TK-Spinat, 1 Mozzarella
- 1 EL Zitronensaft
- Olivenöl, etwas Muskat, Salz und Pfeffer
- 2 Stck. Alufolie

Zubereitung:

Spinat erwärmen, mit Muskat, Salz und Pfeffer würzen und auf die eingefettete Alufolie legen. Mozzarella in Scheiben schneiden.
Lachsfilets mit Zitronensaft beträufeln und auf den Spinat legen. Mit Mozzarella abdecken.
Alufolie verschließen und im vorgeheizten Backofen ca. 20 Minuten bei 200 °C backen.

Rotbarsch mit Rucolasoße

Zutaten für 4 Personen:

- 800 g Rotbarschfilet
- 1 Bund Rucola
- 2 Frühlingszwiebeln
- 12 Cocktailtomaten
- 2 TL Zitronensaft
- 5 EL Wasser
- 2 EL Olivenöl
- etwas Salz und Pfeffer

Zubereitung:

Rucola verlesen, von den dicken Stielen befreien und fein hacken.

Frühlingszwiebeln putzen und in feine Ringe schneiden.

Tomaten vierteln und entkernen.

Rotbarsch mit Salz und Pfeffer würzen und in einer mit Öl erhitzten Pfanne beidseitig kurz anbraten. Rausnehmen und warmhalten.
Für die Soße Frühlingszwiebeln in die Pfanne geben und kurz anbraten, zwischendurch mehrmals umrühren. Rucola und 5 EL Wasser nach 5 Minuten hinzugeben, auf niedriger Stufe weitere 5 Minuten köcheln lassen.

Mit einem Stabmixer pürieren und mit Zitronensaft, Salz und Pfeffer abschmecken.
Rotbarschfilets mit Soße und Tomaten anrichten.

Konjacnudeln mit Lachssoße

Zutaten für 2 Personen:

- 150 g Konjacnudeln
- 2 TK-Lachsfilets
- ½ Becher Sahne
- 1 Lauchstange
- 1 Zwiebel
- 120 ml Gemüsebrühe
- 1 TL Zitronensaft
- Butter
- etwas Salz und Pfeffer

Zubereitung:

Nudeln mit warmem Wasser abspülen, dann 5 – 10 Minuten gar kochen.

Lauch putzen und in feine Ringe schneiden. Zwiebel fein hacken.

Lachs antauen und mit etwas Butter in eine heiße Pfanne geben.
Mit einer Gabel in kleine Stücke zerteilen.

Lauch und Zwiebel in einem Topf andünsten, dann mit Gemüsebrühe ablöschen. Sahne, Zitronensaft und Lachs hinzugeben. Mit Salz und Pfeffer abschmecken.

Nudeln abgießen und mit der Soße anrichten.

Geflügel – chronische Phase

Hähnchenbrust mit Brokkoli

Zutaten für 2 Personen:

- 2 Hähnchenbrustfilets
- 300 g Brokkoli, 250 ml Gemüsebrühe
- 1 kleine Zwiebel, Butter
- etwas Paprikapulver, Salz und Pfeffer

Zubereitung:

Brokkoli in kleine Röschen schneiden.

Zwiebel fein hacken und in Butter anschwitzen. Brokkoli hinzugeben, mit Gemüsebrühe ablöschen, ca. 20 Minuten auf mittlerer Stufe bissfest kochen. Hähnchenbrustfilets beidseitig grillen oder alternativ in einer Pfanne braten. Mit Paprikapulver, Salz und Pfeffer würzen und mit Brokkoli anrichten.

Ofengemüse mit Hähnchenbrust

Zutaten für 2 Personen:

- 2 Hähnchenbrustfilets
- 1 rote Paprikaschote
- 1 Zucchini
- 200 g frische Champignons
- 2 Zwiebeln
- 1 TL Zitronensaft
- Olivenöl
- etwas Paprikapulver, Salz und Pfeffer

Zubereitung:

Zucchini längs halbieren, mit einem Löffel ausschaben und in Scheiben schneiden.

Zwiebeln halbieren und in Scheiben schneiden. Paprikaschote vierteln, entkernen und in Streifen schneiden.

Champignons putzen, vierteln und mit dem vorbereiteten Gemüse, Olivenöl, Zitronensaft, Salz und Pfeffer mischen. In eine eingefettete Auflaufform geben und im vorgeheizten Backofen ca. 25 Minuten bei 200 °C backen.

Hähnchenbrustfilets würzen, in einer Pfanne beidseitig braten und mit Gemüse servieren.

Putenbrust-Spieße

Zutaten für 2 Personen:
- 2 Putenbrustfilets
- 2 Zwiebeln
- 1 große Zucchini, 12 Blumenkohlröschen
- Sojasoße, etwas Salz und Pfeffer, 4 Spieße

Zubereitung:
Putenbrustfilets in mundgerechte Stücke schneiden.
Zucchini längs halbieren, mit einem Löffel ausschaben und in Scheiben schneiden. Zwiebeln ebenfalls in Scheiben schneiden und abwechselnd mit Putenfleisch, Zucchini und Blumenkohl auf die Spieße stecken. Mit Sojasoße bestreichen, mit Salz und Pfeffer würzen.
Auf dem Grill ca. 15 Minuten garen, gelegentlich wenden.

***

Knusprige Putenröllchen

Zutaten für 2 Personen:
- 300 g Putenbrustfilet
- 2 Scheiben Ananas
- 2 Stängel Petersilie, 4 Scheiben Gouda
- Olivenöl, etwas Salz und Pfeffer
- Holzspieße

Zubereitung:
Putenbrustfilets in vier Stücke schneiden. Petersilie fein hacken, Ananasscheiben halbieren, beides auf dem Fleisch verteilen.
Mit Gouda abdecken, dann aufrollen und mit Holzspießen feststecken. Mit Salz und Pfeffer würzen. In einer mit Öl erhitzten Pfanne von allen Seiten knusprig braten, alternativ auf einem Grill grillen.

Hähnchen-Gemüse-Pfanne

Zutaten für 2 Personen:
- 120 g Vollkornnudeln
- 2 Hähnchenbrustfilets
- 2 Möhren
- 1 Paprikaschote
- 1 Zucchini
- 100 g Champignons
- 2 Zwiebeln
- Olivenöl
- etwas Paprikapulver, Salz und Pfeffer

Zubereitung:
Nudeln nach Packungsanweisung in Salzwasser bissfest kochen.

Hähnchenbrustfilets in dünne Streifen schneiden.
Zwiebeln fein hacken. Paprikaschote vierteln, entkernen und in Streifen schneiden. Champignons putzen und vierteln.

Zucchini längs halbieren, mit einem Löffel ausschaben und in dünne Scheiben schneiden. Möhren putzen und ebenfalls in Scheiben schneiden.
Zwiebeln mit Hähnchenbrustfilets in Öl anbraten. Gemüse hinzugeben und 15 Minuten garen. Mit Gewürzen abschmecken.

Nudeln abgießen und zum Gemüse geben.

Gefüllte Putenbrustfilets

Zutaten für 2 Personen:

- 2 Putenbrustfilets (je 120 g)
- 2 EL Emmentaler, gerieben
- 2 EL Olivenöl
- 2 Salbeiblätter
- 1 EL Zitronensaft
- etwas Salz und Pfeffer
- Holzspieße

Zubereitung:

Putenbrustfilets längs einschneiden, das Innere mit Salz und Pfeffer würzen.

Käse und Salbeiblätter in die Taschen füllen. Mit Holzspießen verschließen.

Olivenöl mit Zitronensaft verquirlen und die Putenbrustfilets damit bestreichen.

Auf dem Grill ca. 15 Minuten garen, gelegentlich wenden. Zwischendurch mehrmals mit der Marinade bestreichen.

Rosenkohl-Curry mit Hähnchen

Zutaten für 2 Personen:

- 300 g Hähnchenbrustfilet
- 200 g Rosenkohl
- 100 g Brokkoli
- 1 Zwiebel
- 3 Stängel Petersilie
- 150 ml Gemüsebrühe
- 1 EL Butter
- 3 EL Sahne
- 1 EL Kokosöl
- ½ TL Currypulver
- etwas Salz und Pfeffer

Zubereitung:

Rosenkohl putzen, größere Kugeln halbieren.
Brokkoli in Röschen schneiden.
Zwiebel fein hacken.

Rosenkohl und Brokkoli ca. 20 Minuten in Wasser garen.

Hähnchenbrustfilet in kleinere Stücke schneiden und in erhitztem Kokosöl von allen Seiten anbraten.
Petersilienblätter von den Stielen abziehen und fein hacken.
Butter erhitzen und Zwiebel und Currypulver darin andünsten.
Mit Gemüsebrühe ablöschen. Kurz aufkochen lassen, dann Sahne, Salz und Pfeffer einrühren.

Rosenkohl und Brokkoli abgießen, abtropfen lassen und mit der Soße vermengen. Mit Hähnchenbrustfilet und Petersilie anrichten.

Suppen – chronische Phase

Brokkolisuppe

Zutaten für 4 Personen:

- 750 g Brokkoli
- ¾ Liter Wasser
- 1 ½ Brühwürfel
- 2 Knoblauchzehen
- 150 ml Sahne, 1 EL Butter, etwas Salz und Pfeffer

Zubereitung:

Brokkoli in Röschen schneiden.

Knoblauch fein hacken und in erhitzter Butter anschwitzen.

Mit Wasser ablöschen, Brühwürfel einrühren und 5 Minuten köcheln.
Brokkoli hinzugeben, weitere 10 Minuten köcheln.
Mit einem Stabmixer pürieren. Sahne einrühren, nochmals kurz erhitzen, mit Salz und Pfeffer abschmecken.

Erbsensuppe

Zutaten für 4 Personen:

- 180 g Trockenerbsen
- 1 Liter Wasser
- 1 ½ Brühwürfel
- 2 große Zwiebeln
- 120 g Sellerieknolle
- 1 TL Senf
- 2 Stängel Petersilie
- etwas Salz und Pfeffer

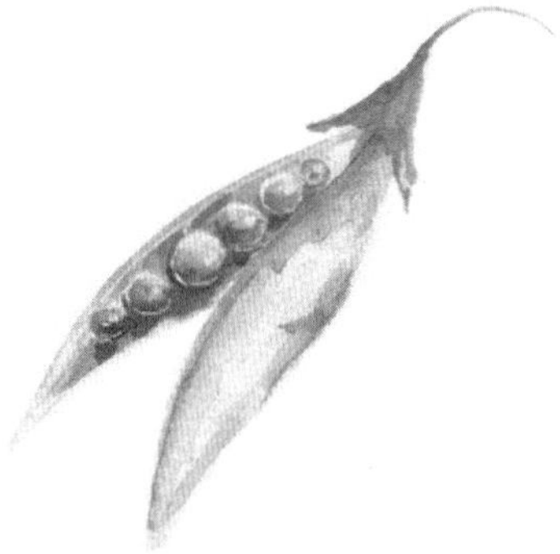

Zubereitung:

Erbsen über Nacht im kalten Wasser einweichen.

Am nächsten Tag Zwiebeln fein hacken, Sellerie in Würfel schneiden und zu den Erbsen geben. Die Suppe im zugedeckten Topf auf niedriger Stufe 2 – 3 Stunden köcheln lassen.

Nach einer Stunde Brühwürfel einrühren, mit Senf, Salz und Pfeffer abschmecken.

Petersilie fein hacken und über die Suppe streuen.

Gemüsecremesuppe

Zutaten für 5 Personen:
- 750 g TK-Suppengemüse
- 2 Zwiebeln
- 250 ml Schlagsahne
- 750 ml Gemüsebrühe
- 1 TL Senf, 2 EL Olivenöl, etwas Salz und Pfeffer

Zubereitung:
Zwiebeln fein hacken und im erhitzten Öl anschwitzen. Mit Gemüsebrühe ablöschen. Gemüse hinzugeben, im geschlossenen Topf ca. 15 Minuten köcheln lassen.
Mit einem Stabmixer pürieren, Sahne einrühren und nochmal erhitzen. Mit Senf, Salz und Pfeffer abschmecken.

***

Kartoffel-Lauchsuppe

Zutaten für 4 Personen:
- 750 g Kartoffeln
- 2 Lauchstangen
- 1 Liter Gemüsebrühe, 100 ml Sahne
- 3 Stängel Petersilie, 1 TL Senf
- etwas Salz und Pfeffer

Zubereitung:
Kartoffeln schälen und in dünne Scheiben schneiden. In Gemüsebrühe aufkochen, dann auf niedriger Stufe 20 Minuten köcheln.
Lauchstangen putzen und in feine Ringe schneiden.
Die letzten 10 Minuten mitköcheln.
Sahne einrühren, mit Senf, Salz und Pfeffer abschmecken.
Petersilie fein hacken und über die Suppe streuen.

Möhrenrahmsuppe

Zutaten für 4 Personen:

- 500 g Möhren
- 2 Kartoffeln
- ¾ Liter Gemüsebrühe
- 150 g Crème fraîche, 1 Handvoll Schnittlauch
- etwas Muskat, Salz und Pfeffer

Zubereitung:

Kartoffeln und Möhren schälen, in Würfel schneiden und in der Gemüsebrühe aufkochen. Auf niedriger Stufe ca. 25 Minuten köcheln lassen. Crème fraîche einrühren, mit Muskat, Salz und Pfeffer abschmecken. Schnittlauch fein hacken und über die Suppe streuen.

***

Linsensuppe

Zutaten für 4 Personen:

- 180 g getrocknete Linsen
- 3 Möhren
- 1 Suppenwürfel
- 1 TL Senf, 2 Zwiebeln, 1 Liter Wasser
- 2 Stängel Petersilie, 2 Spritzer Essig, etwas Salz und Pfeffer

Zubereitung:

Linsen über Nacht im Wasser einweichen.

Am nächsten Tag Zwiebeln und Möhren in Würfel schneiden und zu den Linsen geben. Suppenwürfel einrühren und kurz aufkochen. Auf niedriger Stufe mit zugedecktem Topf 1,5 Stunden köcheln lassen.

Die Suppe ist fertig, sobald die Linsen weich und mehlig sind. Mit Senf, Essig, Salz und Pfeffer verfeinern. Petersilie fein hacken und über die Suppe streuen.

Kürbissuppe

Zutaten für 2 Personen:

- 300 g Kürbisfleisch, 150 g Möhren
- 1 kleine Zwiebel
- 400 ml Gemüsebrühe
- 2 EL Sahne, 1 EL Butter
- 1 EL Mandelblätter, etwas Salz und Pfeffer

Zubereitung:

Kürbisfleisch entkernen und in kleinere Stücke schneiden. Möhren und Zwiebel würfeln. Zwiebel in der erhitzten Butter anschwitzen, Kürbis und Möhren hinzugeben. Mit Gemüsebrühe ablöschen und ca. 15 Minuten köcheln. Mit einem Stabmixer pürieren, mit Sahne, Salz und Pfeffer abschmecken. Nochmals kurz erhitzen, dann mit Mandelblättern anrichten.

***

Blumenkohlsuppe

Zutaten für 4 Personen:

- 1 Blumenkohl
- 1 Liter Gemüsebrühe, 150 g Schmelzkäse
- 2 Zwiebeln, 1 EL Zitronensaft
- 3 Stängel Petersilie, etwas Salz und Pfeffer

Zubereitung:

Blumenkohl in kleinere Stücke schneiden und in der Gemüsebrühe garen. Zwiebeln fein hacken. Die Hälfte des Blumenkohls herausnehmen, die andere Hälfte mit der Gemüsebrühe pürieren. Die ganzen Stücke zurück in die Suppe geben. Zwiebeln und Zitronensaft beimengen und Suppe nochmals erhitzen. Schmelzkäse in die Suppe einrühren. Mit Salz und Pfeffer abschmecken. Suppe mit fein gehackter Petersilie anrichten.

Wildkräutersuppe

Zutaten für 2 Personen:
- 250 g Wildkräuter
- 500 ml Gemüsebrühe
- 150 ml Naturjoghurt, 2 EL Vollkornmehl
- 1 Zwiebel, 1 EL Olivenöl
- etwas Salz und Pfeffer

Zubereitung:
Wildkräuter verlesen, putzen und klein hacken. Zwiebel klein hacken und in erhitztem Öl andünsten. Wildkräuter einrühren, kurz anschwitzen, dann mit Gemüsebrühe ablöschen. Auf mittlerer Stufe ca. 5 Minuten köcheln, dann mit einem Stabmixer pürieren.
Mit Mehl binden, Joghurt einrühren, dann nochmal kurz erhitzen. Mit Salz und Pfeffer abschmecken.

***

Schnelle Kartoffelsuppe

Zutaten für 4 Personen:
- 400 g Kartoffeln
- 1 Liter Gemüsebrühe
- 1 Zwiebel, 2 Knoblauchzehen
- 1 TL Senf, 1 EL Olivenöl, etwas Muskat, Salz und Pfeffer

Zubereitung:
Kartoffeln schälen und in kleinere Stücke schneiden.
Zwiebel und Knoblauch fein würfeln und in erhitztem Öl andünsten.
Kartoffeln hinzugeben, mit Gemüsebrühe ablöschen.
Auf niedriger Stufe ca. 25 Minuten köcheln. Mit einem Stabmixer pürieren, nochmals aufkochen, mit Senf und Gewürzen abschmecken.

Kokos-Kürbissuppe

Zutaten für 2 Personen:

- 300 g Kürbisfleisch
- 150 g Möhren
- 300 ml Gemüsebrühe
- 100 ml Kokosmilch
- 1 kleine Zwiebel, etwas Kokosöl

Zubereitung:

Zwiebel fein hacken und im erhitzten Öl anschwitzen.
Kürbis entkernen und in kleinere Stücke schneiden. Möhren putzen, abschaben und in Scheiben schneiden. Alles zu den Zwiebeln geben, mit Gemüsebrühe ablöschen, dann 15 Minuten köcheln bis das Gemüse weich ist. Mit einem Stabmixer pürieren, Kokosmilch einrühren, nochmals aufkochen.

***

Süßkartoffelsuppe

Zutaten für 2 Personen:

- 2 große Süßkartoffeln
- 1 Zwiebel
- 400 ml Gemüsebrühe
- 2 EL Crème fraîche, etwas Muskat, Salz und Pfeffer

Zubereitung:

Kartoffeln und Zwiebel schälen und würfeln. In der Gemüsebrühe aufkochen und 10 Minuten garen.
Mit einem Stabmixer pürieren, mit Crème fraîche und Gewürzen abschmecken. Bei Belieben Wasser hinzugeben bis die gewünschte Konsistenz erreicht ist.

Linsen-Gemüseeintopf

Zutaten für 2 Personen:

- 4 TL rote Linsen
- 2 Möhren
- 1 kleine Kohlrabi
- 1 Frühlingszwiebel, 300 ml Gemüsebrühe
- ¼ EL Balsamico-Essig, 1 EL Olivenöl
- 3 Stängel Petersilie, fein gehackt, etwas Salz und Pfeffer

Zubereitung:

Möhren und Kohlrabi schälen und klein würfeln.

Frühlingszwiebel putzen, waschen und in feine Ringe schneiden.

Das Gemüse im erhitzten Öl kurz andünsten, mit Gemüsebrühe ablöschen.

Linsen einrühren, kurz aufkochen, dann 10 Minuten köcheln.
Mit Essig und Gewürzen abschmecken, mit Petersilie garnieren.

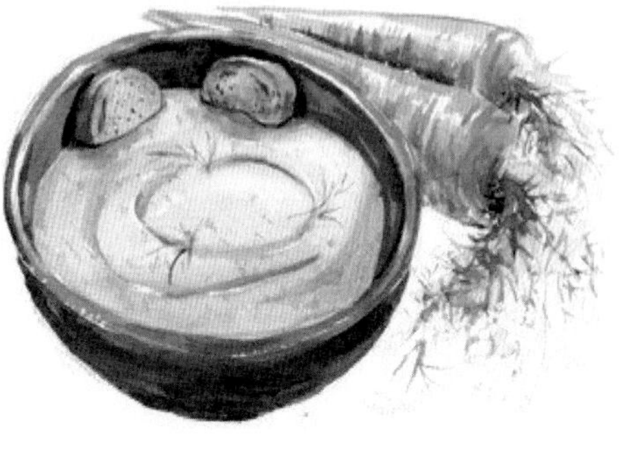

Steinpilzsuppe

Zutaten für 3 Personen:

- 20 g getrocknete Steinpilze
- 100 g Lauch
- 100 g Sellerieknolle
- 150 g geriebener Käse
- 250 ml Sahne
- 120 ml Wasser
- 350 ml Gemüsebrühe
- 2 Eigelb
- Butter
- etwas Salz und Pfeffer

Zubereitung:

Pilze abspülen und 30 Minuten in Wasser einweichen.

Lauch putzen und in feine Streifen schneiden.
Sellerie schälen und würfeln.
Alles in erhitzter Butter andünsten.

Mit Brühe und Einweichwasser der Pilze ablöschen.
Kurz aufkochen, dann auf niedriger Stufe ca. 15 Minuten köcheln.

Suppe passieren, erneut aufkochen und Käse einrühren.
Mit Salz und Pfeffer abschmecken.

Eigelb mit Sahne verquirlen und Suppe legieren.

Pilze klein schneiden und einrühren.

Kichererbsensuppe

Zutaten für 2 Personen:

- 120 g Kichererbsen
- 150 g Kartoffeln
- 1 kleine Zwiebel
- 2 Knoblauchzehen
- 500 ml Gemüsebrühe
- 1 EL Kokosöl
- etwas Salz und Pfeffer

Zubereitung:

Zwiebel und Knoblauch fein würfeln und in erhitztem Öl anschwitzen.

Kartoffeln schälen und in Würfel schneiden.

Kichererbsen abgießen, abtropfen lassen und mit Kartoffeln und Gewürzen zu den Zwiebeln geben.

Kurz anschwitzen, dann mit Gemüsebrühe ablöschen.

Auf mittlerer Stufe 20 Minuten köcheln lassen.

Salate - Chronische Phase

Feldsalat mit Avocado

Zutaten für 2 Personen:

- 150 g Feldsalat
- ½ essreife Avocado
- 6 Radieschen
- 6 Cocktailtomaten
- 2 EL Balsamico-Essig
- 2 EL Olivenöl
- ½ TL Senf
- ½ TL Honig
- etwas Salz und Pfeffer

Zubereitung:

Feldsalat putzen, waschen und trocken schleudern.

Radieschen und Avocado in kleine Würfel schneiden.
Tomaten vierteln und entkernen.

Für das Dressing Essig mit Öl, Senf, Honig, Salz und Pfeffer vermengen.
Mit Salat in eine Schüssel geben und verrühren.

Kohlrabisalat

Zutaten für 2 Personen:

- 4 kleine Kohlrabi
- 2 Eier
- 4 EL Sesamöl
- 1 EL Balsamico-Essig
- 1 Stängel Petersilie
- etwas Salz und Pfeffer

Zubereitung:

Eier hart kochen, abkühlen lassen und vierteln.

Kohlrabi schälen, in Streifen schneiden, in Wasser bissfest garen und abkühlen lassen. Öl mit Essig, Salz und Pfeffer verrühren und mit Kohlrabi anrichten. Salat mit Eiern und Petersilie anrichten.

***

Fenchelsalat

Zutaten für 2 Personen:

- 200 g Fenchel
- 3 EL saure Sahne
- 3 EL Magerquark
- etwas Zitronensaft und Salz

Zubereitung:

Fenchelblätter von der Knolle abschneiden, die zarten Blättchen fein hacken. Fenchelknolle ca. 25 Minuten in Salzwasser garen. Aus dem Wasser nehmen und in feine Streifen schneiden.

Sahne mit Quark, Zitronensaft und Salz verrühren und über die angerichteten Fenchelstreifen geben. Die Fenchelblätter darüber verteilen. Schmeckt gut zu Knäckebrot oder getoastetem Vollkornbrot.

Kichererbsensalat

Zutaten für 4 Personen:

- 200 g getrocknete Kichererbsen
- 1 Liter Wasser
- 1 Liter Gemüsebrühe
- 2 kleine Zucchini
- 2 Tomaten
- 1 Frühlingszwiebel
- 1 kleine Zwiebel
- 2 TL gemahlener Kreuzkümmel
- 4 EL Olivenöl
- 2 EL Zitronensaft
- 2 Stängel Petersilie
- etwas Salz und Pfeffer

Zubereitung:

Kichererbsen über Nacht in Wasser einweichen.
Kichererbsen am nächste Morgen abschütten und in der Gemüsebrühe 2 – 3 Stunden weich kochen.
Nach ca. 90 Minuten den weißen Schaum an der Oberfläche abschöpfen. Am Ende der Kochzeit Kreuzkümmel einrühren.
Überschüssige Flüssigkeit abgießen.

Zucchini längs halbieren, mit einem Löffel ausschaben und in kleine Würfel schneiden.
Tomaten vierteln, entkernen und ebenfalls würfeln.
Zwiebel halbieren und in feine Ringe schneiden.
Frühlingszwiebel putzen und ebenfalls in feine Ringe schneiden.
Öl mit Zitronensaft, Salz und Pfeffer vermengen und mit dem vorbereiteten Gemüse verrühren.
Petersilie fein hacken und über den Salat streuen.

Feldsalat mit Radicchio

Zutaten für 2 Personen:

- 100 g Feldsalat
- 100 g Radicchio
- 1 kleine Zwiebel
- 1 Handvoll Schnittlauch
- 2 Eier
- 2 EL Brottrunk
- 3 EL Sesamöl
- 1 TL Senf
- etwas Salz und Pfeffer

Zubereitung:

Eier hart kochen, halbieren und in dünne Scheiben schneiden.

Salat putzen, waschen und trocken schleudern.
Große Radicchio-Blätter in kleinere zupfen.

Zwiebel und Schnittlauch fein hacken, mit Öl, Brottrunk, Senf, Salz und Pfeffer vermengen. Mit Salat in eine Schüssel geben und umrühren.

Mit Eierscheiben anrichten.

Sauerkrautsalat mit Weintrauben

Zutaten für 4 Personen:

- 350 g Sauerkraut
- 150 g gekochter Schinken, 100 g blaue Weintrauben
- 1 großer Apfel, 200 ml saure Sahne
- etwas Salz und Pfeffer

Zubereitung:

Sauerkraut abtropfen lassen und grob hacken.
Apfel schälen, vierteln, entkernen und in kleine Würfel schneiden. Weintrauben halbieren und entkernen. Schinken in ca. 3 cm lange Streifen schneiden. Sauerkraut mit Weintrauben, Apfel und Schinken vermengen. Für das Dressing Sahne schaumig rühren. Mit Salz und Pfeffer würzen und mit Salat mischen. Vor dem Verzehr 10 Minuten durchziehen lassen.

***

Eisbergsalat mit Mozzarella

Zutaten für 2 Personen:

- 8 Blätter Eisbergsalat
- 1 Tomate
- 4 Radieschen, 100 g Mozzarella
- 2 rote Zwiebeln, 8 schwarze Oliven, entkernt, 3 EL Olivenöl
- 1 TL Essig, etwas Salz und Pfeffer

Zubereitung:

Salatblätter in grobe Stücke zupfen, waschen und mit einer Salatschleuder trocknen. Tomate vierteln, entkernen und in Würfel schneiden. Radieschen in Scheiben, Zwiebeln in Ringe, Oliven in Viertel und Mozzarella in kleinere Stückchen schneiden.
Für das Dressing Öl mit Essig, Salz und Pfeffer verrühren. Alles in eine Schüssel geben und umrühren.

Rosenkohlsalat

Zutaten für 2 Personen:

- 250 g Rosenkohl
- 1 Apfel
- ½ essreife Avocado
- 50 g Gouda am Stück
- 80 ml Gemüsebrühe
- 1 EL Zitronensaft
- 2 EL Sesamöl
- 1 EL Balsamico-Essig
- etwas Salz und Pfeffer

Zubereitung:

Rosenkohl putzen, halbieren und in der Gemüsebrühe ca. 10 Minuten garen.

Gouda und Avocado in kleine Würfel schneiden.
Avocado mit Zitronensaft beträufeln.

Apfel schälen, vierteln, entkernen und in kleine Würfel schneiden. Mit Zitronensaft beträufeln und mit Rosenkohl, Avocado und Gouda vermengen.

Für das Dressing Öl mit Essig und etwas Kochsud verrühren.
Mit Salz und Pfeffer würzen.

Zum Salat geben und umrühren.

Chicorée mit Apfel

Zutaten für 4 Personen:

- 2 Stauden Chicorée
- 150 ml saure Sahne
- 150 ml Joghurt
- ½ TL Currypulver, 2 Äpfel
- 1 Prise Salz, etwas gehackte Petersilie

Zubereitung:

Den Kern am Chicorée-Staudenende kegelförmig entfernen. Chicorée dann in feine Ringe schneiden. Äpfel bis auf das verbleibende Kerngehäuse grob raspeln. Sahne mit Joghurt, Currypulver und Salz verrühren. Alles in eine Schüssel geben, gut verrühren und mit Petersilie bestreuen.

***

Fruchtiger Rotkohlsalat

Zutaten für 3 Personen:

- 250 g Rotkohl
- je 1 Apfel, Apfelsine, Banane und Zwiebel
- 3 EL Orangensaft, 1 EL Zitronensaft
- 1 TL Honig, 4 EL Sesamöl, Pfeffer

Zubereitung:

Rotkohl putzen und auf einer Reibe fein hobeln.
Zwiebel fein würfeln, zum Rotkohl geben, mit Pfeffer würzen.
Apfelsine filetieren und in kleinere Stücke schneiden.
Apfel schälen, vierteln, entkernen und würfeln. Mit Zitronensaft beträufeln. Banane längs halbieren und in Scheiben schneiden.
Alles mit Öl, Orangensaft und Honig unter den Rotkohl mischen. Zugedeckt eine halbe Stunde ziehen lassen.

Grillgemüsesalat

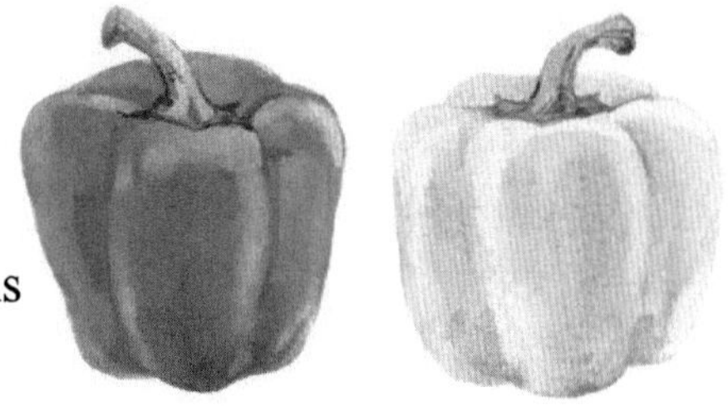

Zutaten für 4 Personen:

- 1 Paprikaschote
- 1 Zucchini
- 2 Möhren
- 100 g frische Champignons
- 1 Zwiebel
- 3 Knoblauchzehen
- 2 EL Olivenöl
- 2 EL Walnussöl
- 1 EL Aceto balsamico
- etwas Salz und Paprikapulver

Zubereitung:

Paprikaschote vierteln, entkernen und in Streifen schneiden.

Zucchini längs halbieren, mit einem Löffel ausschaben und in Scheiben schneiden.
Möhren putzen und würfeln.

Champignons putzen und vierteln.
Knoblauch und Zwiebel fein hacken und mit dem weiteren Gemüse in einen großen Topf geben. Olivenöl, Paprikapulver und Salz hinzufügen, mit Deckel verschließen und alles gut durchschütteln.

Auf einem mit Backpapier belegten Backblech verteilen. Im vorgeheizten Backofen bei 200 °C so lange backen bis das Gemüse anfängt zu bräunen.

Gemüse abkühlen lassen und in einer Schüssel mit Walnussöl und Essig vermengen.

Salatherz mit Papaya

Zutaten für 2 Personen:

- 1 Salatherz
- ½ Papaya
- ½ Kästchen Kresse, ½ TL Balsamico-Essig
- 3 EL Sesamöl, etwas Salz und Pfeffer

Zubereitung:

Salatblätter in kleinere Stücke zupfen, waschen und mit einer Salatschleuder trocknen. Kresse aus dem Schälchen schneiden und grob hacken. Papaya schälen, entkernen und in dünne Scheiben schneiden. Für das Dressing Öl mit Essig, Salz und Pfeffer verquirlen. Alles in eine Schüssel geben und umrühren.

***

Griechischer Salat

Zutaten für 3 Personen:

- 8 Blätter Eisbergsalat
- ½ Salatgurke, 1 rote Paprikaschote, 3 Tomaten
- 1 Zwiebel, 12 Oliven, entkernt
- 200 g Feta-Käse, 6 EL Olivenöl
- 1 EL Balsamico-Essig, etwas Salz und Pfeffer

Zubereitung:

Salatgurke längs halbieren, mit einem Löffel ausschaben und in dünne Scheiben schneiden. Paprikaschote vierteln, entkernen und in ca. 1 cm lange Streifen schneiden. Tomaten vierteln, entkernen und würfeln. Zwiebel halbieren und in feine Ringe schneiden.

Feta in kleine Würfel schneiden. Salatblätter in kleinere Stücke zupfen. Alles in eine Schüssel geben, mit Salz und Pfeffer würzen, mit Öl und Essig verrühren.

Kürbis-Tomaten-Salat

Zutaten für 2 Personen:

- 300 g Kürbis
- 2 Tomaten
- 1 Zwiebel
- 3 EL Sesamöl, ½ TL Balsamico-Essig,
- 2 EL Kresse, fein gehackt, etwas Salz

Zubereitung:

Kürbis schälen, entkernen und mit einer Küchenreibe fein raspeln.
Tomaten vierteln, entkernen und in kleine Würfel schneiden.
Zwiebel fein hacken und mit Kürbis und Tomaten vermischen.
Öl mit Essig und Salz verrühren und mit Salat vermengen. Im Kühlschrank 5 Stunden ziehen lassen. Vor dem Verzehr mit Kresse bestreuen.

***

Erbsensalat

Zutaten für 2 Personen:

- 250 g frische Erbsen
- 1 Möhre
- ½ essreife Avocado, ½ TL Zitronensaft
- 2 EL Olivenöl, etwas Salz und Pfeffer

Zubereitung:

Möhre putzen, würfeln und mit den Erbsen bissfest dünsten, dann abkühlen lassen.
Avocado in kleine Würfel schneiden und mit Zitronensaft beträufeln.
Mit Möhre und Erbsen in eine Schüssel geben und verrühren.
Olivenöl mit Salz und Pfeffer vermengen und zum Salat geben. Vorsichtig umrühren.

Linsensalat

Zutaten für 2 Personen:
- 80 g rote Linsen
- 1 Möhre
- 2 Tomaten
- 1 Frühlingszwiebel
- 1 kleine Zwiebel, 1 EL Zitronensaft
- 250 ml Gemüsebrühe, 2 EL Olivenöl
- etwas Salz und Pfeffer

Zubereitung:
Linsen 5 Minuten in der Gemüsebrühe gar kochen, abgießen und abkühlen lassen. Möhre putzen und in Scheiben schneiden.
Tomaten vierteln, entkernen und würfeln.
Frühlingszwiebel putzen und in feine Ringe schneiden.
Zwiebel fein hacken und mit Öl, Zitronensaft, Salz und Pfeffer verrühren. Alle Zutaten in eine Schüssel geben und gut umrühren.

***

Pikanter Apfel-Möhrensalat

Zutaten für 2 Personen:
- 250 g Möhren , 1 saurer Apfel, 1 EL Apfelsaft
- 2 EL Sesamöl, 1 Stängel Petersilie, fein gehackt
- etwas Currypulver, Salz und Pfeffer

Zubereitung:
Möhren putzen, schälen und würfeln. Mit etwas Wasser und Salz in einen Topf geben und 10 Minuten garen. Apfel schälen, vierteln, entkernen und kurz mitgaren, dann alles abkühlen lassen. Apfelsaft mit Petersilie, Sesamöl, Currypulver, Salz und Pfeffer verrühren und zum Möhrensalat geben.

Herbstlicher Obstsalat

Zutaten für 2 Personen:
- 1 Apfel
- 1 Birne
- 6 Pflaumen
- 10 grüne Weintrauben
- 1 kleine Kohlrabi
- 1 EL feine Haferflocken
- ½ Becher Sahne
- etwas Zimt

Zubereitung:
Apfel und Birne schälen, vierteln, entkernen und in Würfel schneiden.

Pflaumen entkernen und in kleinere Stücke schneiden.

Weintrauben längs halbieren und entkernen.

Kohlrabi schälen und in feine Würfel schneiden. Alles in eine Schüssel geben und umrühren.

Sahne steif schlagen, mit dem Obstsalat anrichten und mit Haferflocken und Zimt bestreuen.

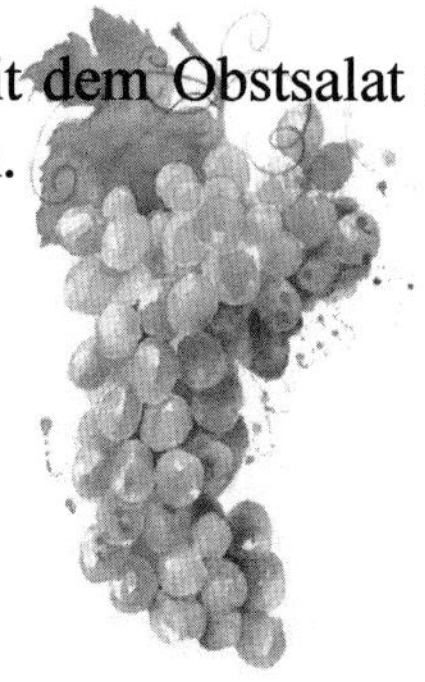

Obstsalat mit Avocado

Zutaten für 2 Personen:

- ½ essreife Avocado
- 1 Apfelsine
- 1 Birne
- 1 Banane
- 100 ml Naturjoghurt
- 3 EL Dickmilch
- 1 EL Zitronensaft
- 1 EL Honig

Zubereitung:

Apfelsine schälen, filetieren und in kleinere Stücke schneiden.

Birne schälen, vierteln, entkernen und in Würfel schneiden.

Avocado in Würfel schneiden und mit Zitronensaft beträufeln.

Banane längs halbieren und in dünne Scheiben schneiden.
Mit dem weiteren Obst in eine Schüssel geben und umrühren.

Joghurt mit Dickmilch und Honig verrühren, dann mit dem Obstsalat anrichten.

Obstsalat mit Frischkäse

Zutaten für 2 Personen:

- 1 Papaya
- 1 Apfel
- 4 Aprikosen
- 10 Kirschen
- 100 g Frischkäse
- 1 EL Zitronensaft
- 2 EL Wasser
- 1 TL Honig

Zubereitung:

Papaya längs halbieren, entkernen, schälen und würfeln.

Apfel vierteln, entkernen, würfeln und mit Zitronensaft beträufeln.

Aprikosen halbieren, entkernen und in kleinere Stücke schneiden.

Kirschen halbieren und entkernen.
Mit dem weiteren Obst in eine Schüssel geben und umrühren.

Frischkäse mit Wasser und Honig glatt rühren und mit Obstsalat anrichten.

Süßes für Zwischendurch - Chronische Phase

Überbackene Banane

Zutaten für 1 Person:
- 1 Banane
- 4 EL Vollmilch
- 1 EL Crème fraîche
- 1 Eigelb
- 2 TL Reissirup
- etwas Zimt und Butter

Zubereitung:
Milch mit Crème fraîche, Eigelb, Reissirup und Zimt verrühren. Banane längs und quer halbieren und in eine mit Butter eingefettete Auflaufform geben. Soße darüber verteilen und im vorgeheizten Backofen ca. 8 Minuten bei 200 °C backen.

***

Bananen-Schokocreme-Sandwich

Zutaten für 1 Person:
- 1 Vollkornbrötchen
- 1 kleine Banane
- 1 TL Zitronensaft
- Schokoaufstrich

Zubereitung:
Banane in dünne Scheiben schneiden und mit Zitronensaft beträufeln. Die untere Brötchenhälfte mit Schokoaufstrich bestreichen, mit Bananenscheiben belegen und mit der oberen Brötchenhälfte abdecken.

Apfelmus mit Eischnee

Zutaten für 2 Personen:
- 3 saure Äpfel
- 2 Eiweiß
- etwas Steviapulver

Zubereitung:
Äpfel vierteln, entkernen, schälen und in kleinere Stücke schneiden. Mit etwas Wasser in einen Topf geben und weich kochen. Durch ein Sieb drücken und mit Stevia abschmecken.

Eiweiß steif schlagen und unterziehen.

***

Pancakes mit Joghurt

Zutaten für 3-4 Personen:
- 200 g Vollkornmehl
- 300 ml Naturjoghurt
- 40 g Butter
- Ahornsirup
- etwas Stevia und Salz

Zubereitung:
Mehl mit Joghurt, Stevia und Salz zu einem dickflüssigen Teig verarbeiten. Bei Zimmertemperatur ca. 5 Stunden ziehen lassen, alternativ über Nacht stehen lassen.

Teig portionsweise in einer mit Butter erhitzten Pfanne beidseitig goldbraun backen. Mit Ahornsirup anrichten.

Kirschen in Blätterteig

Zutaten für 6 Stück:

- 6 Scheiben Vollkorn-Blätterteig
- 6 EL Sauerkirschen
- 1 Ei
- 1 TL Honig
- 1 TL Zimt
- etwas Wasser und Mehl

Zubereitung:

Blätterteig auftauen und auf einer mit Mehl bestäubten Arbeitsplatte ausrollen.

Aus dem Teig 6 gleichgroße Quadrate rollen.

Kirschen mit Honig, Zimt und Wasser vermengen und mittig auf die Teigquadrate geben.

Die Spitzen bis zur Mitte umknicken und fest andrücken, sodass die Kirschen nicht austreten können.

Auf ein mit Backpapier ausgelegtes Backblech setzen und mit dem verquirlten Ei bestreichen. Im vorgeheizten Backofen 15 Minuten bei 180 °C backen.

Pflaumengrütze mit Schlagsahne

Zutaten für 2 Personen:

- 500 g Pflaumen
- 3 EL Honig
- 25 g Speisestärke
- 250 ml Wasser
- 120 ml Apfelsaft
- ½ Becher Sahne
- 1 EL Zitronensaft
- ¼ TL Zimt
- 2 EL Mandelblätter

Zubereitung:

Pflaumen halbieren und entkernen.

Wasser mit Apfelsaft, Zitronensaft und Zimt verrühren und aufkochen. Pflaumen einrühren und so lange köcheln, bis die Pflaumen beginnen zu zerfallen.

Stärke mit etwas Wasser anrühren und zur Grütze geben. Mit Honig abschmecken. Im Kühlschrank 1 Stunde erkalten lassen.

Sahne steif schlagen, Mandeln in einer beschichteten Pfanne anrösten und mit der Grütze anrichten.

Mangodessert

Zutaten für 4 Personen:

- 350 g Sahnequark, 6 EL Milch, 100 ml Sahne
- 1 Mango, 1 Pck. Vanillezucker
- 2 EL Mandelblätter
- 2 EL Frischkäse, 2 EL Reissirup
- 2 EL feine Haferflocken

Zubereitung:

Quark mit Milch und Frischkäse verrühren, mit Reissirup und Vanillezucker abschmecken. Sahne steif schlagen und unterziehen. Mango längs halbieren, vom Kern lösen, schälen und in Würfel schneiden. Unter die Quarkmasse heben und im Kühlschrank erkalten lassen. Mandelblätter in einer fettfreien Pfanne anrösten und mit den Haferflocken über den Quark streuen.

***

Kokosmilch-Eis

Zutaten für 2 Personen:

- 200 ml Kokosmilch
- 3 EL Kokosmus, 1 TL Steviapulver
- 1 EL Butter

Zubereitung:

Kokosmilch und Kokosmus in zerlassene Butter einrühren, mit Stevia abschmecken. Im Gefrierschrank erkalten lassen, nach 1 Stunde und nach weiteren 45 Minuten kräftig umrühren, damit sich nur wenige Eiskristalle bilden. Einige Stunden oder über Nacht gefrieren lassen. Vor dem Verzehr kurz antauen lassen, dann mit einer Gabel zerkleinern. Mit einem Stabmixer grob pürieren und die gebildeten Eiskristalle zerkleinern. Kokosmilch nach Geschmack hinzugeben.

Apfelsinen-Sorbet

Zutaten für 2 Personen:

- 400 ml Wasser
- 1 Apfelsine, Saft davon
- 4 Tropfen Lavendelöl
- ¼ TL Stevia

Zubereitung:

Wasser mit Apfelsinensaft, Lavendelöl und Stevia verrühren und in eine flache Form geben.

Im Gefrierschrank einige Stunden erkalten lassen, zwischendurch mit einer Gabel umrühren, bis die Konsistenz von einem Sorbet erreicht ist.

***

Süßer Hirsebrei

Zutaten für 2 Personen:

- 50 g Hirseflocken
- 300 ml Milch
- 1 TL Butter
- 1 EL Honig
- 1 Prise Salz

Zubereitung:

Butter in erhitzter Milch auflösen, dann Hirse einrühren und aufkochen. Bei mittlerer Hitze 10 Minuten köcheln lassen, zwischendurch umrühren.

Hitze reduzieren und Hirse ausquellen lassen. Mit Honig und Salz abschmecken. Schmeckt warm oder kalt.

Vollkornwaffeln

Zutaten für 2 Personen:

- 150 g Vollkornmehl
- 100 g Butter, weiche
- 3 Eier
- 1 TL weißes Steviapulver
- 1 TL Backpulver
- 70 ml Wasser
- Butter für das Waffeleisen

Zubereitung:

Butter mit Eiern und Stevia schaumig rühren.
Mehl mit Backpulver mischen, abwechselnd mit Wasser zur Buttermasse geben und zu einem cremigen Teig verarbeiten. Teig portionsweise im vorgeheizten und eingefetteten Waffeleisen abbacken.

***

Obstpäckchen im Backofen

Zutaten für 2 Personen:

- 2 Äpfel
- 1/8 Honigmelone
- 1 Banane
- ¼ TL Zimt
- 2 EL Honig, 2 Stck. Backpapier (30 x 30 cm)

Zubereitung:

Äpfel vierteln, entkernen und in Spalten schneiden. Melone schälen, entkernen und würfeln. Banane schälen und in Stücke schneiden.
Obst auf das Backpapier legen, Honig und Zimt darüber verteilen. Zu Päckchen falten und verschließen. Im vorgeheizten Backofen 15 Minuten bei 180 °C garen.

Kokospudding

Zutaten für 2 Personen:
- 200 ml Kokosmilch
- 1,5 EL Speisestärke
- etwas Stevia

Zubereitung:
Speisestärke in etwas Kokosmilch auflösen.

Die restliche Kokosmilch in einen Topf geben und erhitzen. Die angerührte Speisestärke einrühren und aufkochen. Mit Stevia abschmecken.

In vorgekühlte Schälchen füllen und abkühlen lassen.

REZEPT-REGISTER

Rezepte Akutphase

Rezepte Einführungsphase

Säfte - Einführungsphase

Suppen - Einführungsphase

REZEPT-REGISTER

Rezepte chronische Phase

Frühstück – chronische Phase

Smoothies – chronische Phase

REZEPT-REGISTER

Smoothies – chronische Phase

Zwischenmahlzeiten – chronische Phase

REZEPT-REGISTER

Aufläufe – chronische Phase

Gemüsevariationen – chronische Phase

Kartoffelvariationen – chronische Phase

Fisch – chronische Phase

REZEPT-REGISTER

Geflügel – chronische Phase

Suppen – chronische Phase

REZEPT-REGISTER

Salate – chronische Phase

Süßes für Zwischendurch – chronische Phase

Süßes für Zwischendurch – chronische Phase

Hinweise für die Leser

Alle Angaben in diesem Buch wurden nach bestem Wissen und mit größter Sorgfalt erstellt. Die Angaben und Empfehlungen erfolgen ohne Verpflichtung oder Garantie der Autorin. Sie und der Verlag übernehmen keine Verantwortung und Haftung für Personen-, Sach- und Vermögensschäden aus der Anwendung der hier erteilten Ratschläge.

Dieses Buch hat nicht die Absicht und erweckt nicht den Anspruch, eine ärztliche Behandlung zu ersetzen. Ausdrücklich wird empfohlen, eine medizinische Diagnose vom Therapeuten einzuholen und eine entsprechende Therapiebegleitung durchzuführen. Einige der vorgestellten Maßnahmen weichen von der gängigen medizinischen Lehrmeinung ab, und resultieren aus der Erfahrungsheilkunde.

Es wird ausdrücklich darauf hingewiesen, dass mit diesem Buch keine erfüllbaren Hoffnungen erweckt werden, die eventuelle Heilerfolge erwarten lassen können.

Bildnachweise

Seite 24: © Fischer Food Design @de.fotolia.com
Seite 27: © ilietus @de.fotolia.com
Seite 28: © kolesnikovserg @de.fotolia.com
Seite 31: © rcfotostock @de.fotolia.com
Seite 32: © Roman Samokhin @de.fotolia.com
Seite 33: © anastasianio @de.fotolia.com
Seite 34: © lnsdes @de.fotolia.com
Seite 36: © Mariia @de.fotolia.com, © ilietus @de.fotolia.com
Seite 37: © glowonconcept @de.fotolia.com, © budogosh @de.fotolia.com
Seite 40: © lnsdes @de.fotolia.com
Seite 42: © cmwatercolors @de.fotolia.com
Seite 43: © v_paulava @de.fotolia.com
Seite 44: © Yulia @dc.fotolia.com
Seite 52: © Roman Samokhin @de.fotolia.com, © lnsdes @de.fotolia.com
Seite 55: © Lena Balk @de.fotolia.com, © conceptcafe @de.fotolia.com
Seite 59: © yanushkov @de.fotolia.com
Seite 60: © conceptcafe @de.fotolia.com, © lnsdes @de.fotolia.com
Seite 61: © lnsdes @de.fotolia.com, © weissdesign @de.fotolia.com
Seite 66: © lnsdes @de.fotolia.com
Seite 69: © Mariia @de.fotolia.com
Seite 74: © shoshina @de.fotolia.com, © arxichtu4ki @de.fotolia.com,
Seite 78: © Xavier @de.fotolia.com, © Yulia @de.fotolia.com
Seite 79: © zenina @de.fotolia.com, © automotivestocks @de.fotolia.com
Seite 81: © helen_f @de.fotolia.com, © conceptcafe @de.fotolia.com
Seite 83: © lnsdes @de.fotolia.com
Seite 84: © nataliahubbert @de.fotolia.com
Seite 85: © lnsdes @de.fotolia.com
Seite 87: © lnsdes @de.fotolia.com
Seite 93: © nataliahubbert @de.fotolia.com, © Anusorn @de.fotolia.com
Seite 94: © Khaneeros @de.fotolia.com, © elennadzen @de.fotolia.com
Seite 95: © vetryanaya_o @de.fotolia.com, © glowonconcept @de.fotolia.com
Seite 97: © lnsdes @de.fotolia.com
Seite 99: © Mariia @de.fotolia.com, © Gribanessa @de.fotolia.com
Seite 100: © Joanne @de.fotolia.com, © yanushkov @de.fotolia.com
Seite 103: © lnsdes @de.fotolia.com
Seite 104: © nataliahubbert @de.fotolia.com
Seite 109: © lnsdes @de.fotolia.com
Seite 115: © Olga Serova @de.fotolia.com, © nataliahubbert @de.fotolia.com
Seite 116: © Olga Serova @de.fotolia.com
Seite 119: © v_paulava @de.fotolia.com, © vetryanaya_o @de.fotolia.com

Seite 123: © nataliahubbert @de.fotolia.com
Seite 124: © vetryanaya_o @de.fotolia.com
Seite 129: © Mariia @de.fotolia.com
Seite 130: © artinspiring @de.fotolia.com, © johnny-ka @de.fotolia.com
Seite 133: © Gribanessa @de.fotolia.com, © anastasianio @de.fotolia.com
Seite 136: © budogosh @de.fotolia.com
Seite 137: © lnsdes @de.fotolia.com
Seite 138: © helgafo @de.fotolia.com, © lnsdes @de.fotolia.com
Seite 139: © dariaustiugova @de.fotolia.com
Seite 140: © arxichtu4ki @de.fotolia.com, © diidik @de.fotolia.com
Seite 142: © lnsdes @de.fotolia.com, © dariaustiugova @de.fotolia.com
Seite 144: © lnsdes @de.fotolia.com
Seite 146: © v_paulava @de.fotolia.com
Seite 150: © Kateryna @de.fotolia.com, © Yulia @de.fotolia.com
Seite 151: © conceptcafe @de.fotolia.com, © v_paulava @de.fotolia.com
Seite 152: © zenina @de.fotolia.com, © Roman Samokhin @de.fotolia.com
Seite 155: © anastasianio @de.fotolia.com
Seite 156: © Xavier @de.fotolia.com, © jenesesimre @de.fotolia.com
Seite 157: © dariaustiugova @de.fotolia.com, © dariaustiugova @de.fotolia.com
Seite 160: © v_paulava @de.fotolia.com